2012, LE RENDEZ-VOUS

Du même auteur

Romans historiques :
Isabella, (Isabelle d'Este), Robert Laffont, 1984.
Mon cœur a plus d'amour que vous n'avez d'oubli, (Laure Junot), Mercure de France, 1987.
La Passagère du désert, (Isabel Burton), Anne Carrière, 2004.

Roman initiatique :
La Mémoire de l'au-delà, Alphée, 2006.

Ésotérisme :
Le Langage secret du tarot (avec Marcel Picard), Sand, 1982.
Le Tarot pratique, Fernand Nathan, 1988.
Les Arts divinatoires, Fernand Nathan, 1988.
Au seuil de l'étrange (préface du Pr Régis Dutheil), Pygmalion, 1994.
Connaître et pratiquer le tarot, Presses du Châtelet, 1995.
Le Grand livre de l'avenir (Ouvrage collectif), Presses du Châtelet, 2000.
Phénomènes étranges du surnaturel, Grancher, 2001.
Voyances remarquables, Robert Laffont, 1990, Marco Pietteur, 2002.
Le Tarot, Fernand Nathan, 1986, J'ai Lu, 2004.
Enfants Indigo, une nouvelle conscience planétaire (préface de Stéphane Audran), Le Rocher, 2004, Alphée, 2006.
Réincarnation, de l'expérience à la science, Alphée, 2008.

Essais sur la santé :
Le don de guérir, Philippe Lebaud, 1996.
La Dictature médico-scientifique, Filipacchi, 1997.
Vaccination, l'overdose (préface de Jacqueline Bousquet), Déjà, 1999.
Déjà vacciné, comment s'en sortir ? (avec le Dr André Banos), Déjà, 2000.
Faut-il avoir peur des vaccinations ? (ouvrage collectif), Déjà, 2000.
Vaccin hépatite B, les coulisses d'un scandale (avec le Dr Marc Vercoutère), Marco Pietteur, 2001.
Exercice illégal de la guérison, (préface de Me Philippe Autrive) Marco Pietteur, 2002.
Le Réveil de la conscience (avec Jacqueline Bousquet), Trédaniel, 2003.
Informations ou désinformations ? (préface de Corinne Lepage), Trédaniel, 2004.
Les Dix plus gros mensonges sur les vaccins, (préface de Me Thierry Fenoy), Dangles, 2005.
La Nouvelle dictature médico-scientifique (préface de Philippe Desbrosses), Dangles, 2006.
Ce qu'on nous cache sur les vaccins (préface du Dr Jean Elmiger), Delville, 2006.
Les Dix plus gros mensonges sur les médicaments, Dangles, 2007.
Autisme et vaccination, Responsable mais non coupable (préface de René Olivier), Trédaniel, 2007.
Aspartame, sucre ou poison, Trédaniel, 2008.

Sylvie Simon

2012, le rendez-vous

De la crise à l'avènement d'un nouveau monde

Alphée
Jean-Paul Bertrand

www.editions-alphee.com

EAN : 978 2 7538 0379 4

Pour Claire,
qui travaille inlassablement dans l'ombre
afin que jaillisse la lumière.

Nous sommes le Cancer de la Terre, la pullulation de l'espèce humaine est responsable d'une pollution ingérable par la nature. Cela est tellement évident qu'on se demande de quel aveuglement sont frappés nos dirigeants. La Nature, dans sa grande sagesse, essaie de nous aider; les cas de stérilité sans cause apparente s'accroissent – comme d'ailleurs s'accroissent les orphelins et enfants abandonnés ou maltraités! Mais la "Science" veille, elle essaie de trouver la parade, comme toujours d'ailleurs, pour permettre aux humains de continuer à vivre dans la plus totale inconscience et irresponsabilité!

Commandant Jacques-Yves COUSTEAU

Préface

IL N'EST PLUS nécessaire de présenter Sylvie Simon car sa notoriété a largement dépassé, depuis longtemps, les frontières de la France grâce à ses nombreux ouvrages et conférences.

La formation médicale classique et sa vision réductionniste de l'être humain auraient pu constituer un obstacle à ma rencontre avec cet auteur. En réalité, la médecine officielle m'a rapidement paru insuffisante pour soigner, encore moins pour guérir les patients. Dès la fin de mes études de médecine, je me suis orienté progressivement vers une vision holistique de la nature humaine qui m'a conduit à lire de plus en plus d'ouvrages en marge de la pensée officielle.

Ainsi, parallèlement à d'autres travaux, ai-je découvert avec surprise mais aussi avec plaisir les livres de Sylvie Simon. Ceux-ci m'ont fait prendre conscience des vastes campagnes de désinformation dont les usagers font l'objet de la part non seulement de la majorité des autorités en place, mais aussi des lobbies inféodés à la grande finance.

Avant cette découverte, j'avais vaguement entendu parler de Sylvie Simon qui m'était totalement inconnue autrefois, et le côté cartésien de mon cerveau gauche m'incitait, à l'époque, à la plus grande prudence devant les déclarations, souvent surprenantes, de cet auteur. Cependant, ses nombreuses références documentaires vérifiables et les autres recoupements que je pouvais faire à partir de sources différentes finirent par lever mes doutes quant à l'authenticité de ses affirmations.

Au fil de mes lectures, j'ai découvert la vaste culture de cette personne, couvrant de nombreux domaines, notamment celui du monde médical, et j'ai pris conscience que non seulement elle déchirait le voile de l'ignorance de beaucoup de citoyens mais également tentait de transmettre un message à ses lecteurs. Celui-ci vise, d'une part, à les mettre en garde contre un certain pouvoir voulant manipuler les humains à son profit et souhaite, d'autre part, leur faire (re)découvrir leur souveraineté légitime.

Ma première rencontre avec cette femme étonnante fut pour moi une révélation tant sa personnalité déborde d'énergie, de vivacité d'esprit et d'enthousiasme. D'emblée, je fus séduit par sa franchise, son honnêteté et son courage pour révéler au public tout ce qui lui est dissimulé par les tenants du pouvoir de l'argent afin de mieux l'asservir à un mode de vie standardisé et grégaire.

De conférences en publications, années après années, Sylvie Simon parcourt inlassablement la France et d'autres pays pour dénoncer hardiment les mensonges et autres contrevérités des *lobbies* de l'agro et de la pharmacochimie. Elle s'insurge, notamment, contre le délire vaccinaliste, aux conséquences souvent dramatiques pour de nombreux usagers, touchant plusieurs pays et largement stimulé par certains laboratoires sous le couvert du dogme pasteurien. Elle s'élève aussi contre les dérives criminelles de quelques gros laboratoires pharmaceutiques n'hésitant pas à diffuser auprès du public des produits insuffisamment expérimentés, aux effets secondaires parfois désastreux, sous le seul prétexte de rentabilisation financière. Elle fustige aussi l'agrochimie, sous-produit du nazisme à la sinistre réputation, qui déstabilise l'écosystème, empoisonnant la Terre, ses habitants et des milliers d'agriculteurs devenus, souvent par naïveté ou par désinformation, les otages de cette industrie.

La campagne d'information de Sylvie Simon ne se limite pas seulement à ces domaines. Sa soif de connaissance et de vérité a également orienté ses recherches vers des secteurs plus insolites comme les enfants "indigo" ou les phénomènes paranormaux. C'est probablement l'une des raisons qui l'ont poussée à rédiger ce livre, *2012, le rendez-vous*.

Cet ouvrage, à l'image de sa rédactrice, est construit avec rigueur, objectivité et souci de clarté. Il expose les faits sans concession aucune, en donnant le maximum d'informations pour une bonne compréhension de la part du lecteur initié ou non aux réalités le plus souvent dissimulées ou déformées par les instances officielles. Tout en restant réaliste, il fait aussi table rase de tout catastrophisme ou pessimisme, créneau trop souvent exploité par certains à des fins purement mercantiles.

Ce livre constitue également un recueil de renseignements, largement documenté et renvoyant à des sources vérifiables, pour le lecteur souhaitant avoir une vision suffisamment claire, et pourtant synthétique, de l'état actuel de notre planète et de la fin d'un cycle, l'échéance de 2012.

Cette échéance, Sylvie Simon le souligne clairement, ne constitue pas la fin du monde comme certains le croient ou voudraient le faire croire, mais n'est en réalité que la fin d'une longue période évolutive de l'humanité. Celle-ci aboutira de toute façon à un renouveau, peut-être au prix de tribulations difficiles pour un grand nombre d'humains, sinon pour tous. Mais ce renouveau ne sera certainement pas imposé à ceux qui refusent de transformer leur façon d'être personnelle et vis-à-vis de la Terre-Mère. Il concernera exclusivement ceux ayant opté pour un monde de justice, de fraternité et d'amour.

Le livre de Sylvie Simon constitue à la fois un cri d'alarme et un message d'espoir, un plaidoyer pour une prise de conscience et de responsabilisation de chacun d'entre nous.

Par ces quelques mots, je tiens à la remercier chaleureusement, ici même, pour l'œuvre utile qu'elle mène courageusement sans relâche, avec conviction et passion, depuis déjà de longues années.

Je vous souhaite, chère Sylvie, de poursuivre ainsi votre beau travail pour le meilleur de l'humanité et de la Terre-Mère.

Hervé STAUB
Docteur en Médecine.

Introduction

Ensemble, ou bien nous sauverons notre planète, ou bien ensemble, nous périrons dans ses flammes.
John F. Kennedy

Certains d'entre nous sont conscients de l'importance des temps que nous allons vivre, mais, se référant à l'Apocalypse, d'autres profitent de l'incertitude de notre époque et des menaces qui pèsent sur l'humanité pour prédire de terribles catastrophes, voire la fin du monde.

Si nous risquons d'assister, très bientôt, à la fin « d'un » monde, la Terre ne s'arrêtera pas de tourner pour autant et nous devons garder en mémoire que le mot « Apocalypse » est la transcription du mot grec *apocalupsis*, qui signifie « révélation ». Rien de plus, mais c'est déjà un formidable programme que d'aucuns situent très précisément au solstice d'hiver de l'année 2012, en se basant sur les calendriers maya qui font actuellement l'objet d'un grand intérêt auprès de milliers de personnes, car ils se focalisent sur la fameuse date du 21 décembre 2012.

Qu'il en soit conscient ou non, l'homme fait partie du cosmos et doit évoluer avec lui, soit de son propre gré, soit de force, mais alors cette mutation risque d'être plus pénible. Il existe en effet des limites qu'il ne saurait franchir sans être durement rappelé à l'ordre et risquer de disparaître avec la Terre qu'il aura détruite, tel un cancer qui meurt avec l'organisme qu'il a parasité. C'est ce qui nous attend si nous ne mettons pas immédiatement un frein au délire actuel.

J'ai donc écrit ce livre pour essayer de rassurer les inquiets et les résignés, leur montrer qu'il n'est jamais trop tard pour bien faire et redresser la barre, mais aussi pour ouvrir les yeux de ceux, trop nombreux encore, qui valsent sur le pont tandis que le *Titanic* se dirige vers l'abîme, comme le montrait si bien Nicolas Hulot.

Aussi, cet ouvrage se divise en deux parties. La première fait état de nombreuses prédictions qui circulent partout dans le monde, la seconde recense les véritables dangers qui nous menacent, que nos gouvernants nous cachent, et dont l'homme est le seul responsable. Bien qu'indépendantes d'apparence, ces deux parties ne peuvent être dissociées car, étant donné que « le hasard est le synonyme de Dieu quand il ne veut pas signer », comme le disait Voltaire, ou qu'il a été fabriqué par les réductionnistes dans les laboratoires, comme le dit aussi Arthur Colin [1], ce n'est pas un « hasard » si les prophéties évoquées ici concernent notre époque et la situation dans laquelle se trouve actuellement notre Terre.

Je préfère conclure, comme le montrent les récentes découvertes de la physique quantique qui ont détruit l'image d'un monde composé d'éléments inanimés, que

1. *L'Enfant Indigo,* Le Rocher, 2003.

tout étant relié à tout le reste – chaque action déterminant une réaction –, il est parfaitement normal que nous soyons confrontés à l'effet boomerang, étant donné notre comportement.

Au XVIIIe siècle, alors qu'on ne connaissait rien de la physique quantique, le poète écossais James Thomson l'exprimait bien joliment : « On ne touche pas une fleur sans déranger une étoile. » Nous avons pillé et massacré non seulement de nombreuses fleurs, mais la nature entière, il est ainsi normal que les étoiles viennent nous le reprocher, et que ceux qui ont gardé une vision claire de la réalité nous préviennent de ce qui nous attend.

Certains lecteurs pourront donc, s'ils le préfèrent, lire d'abord la seconde partie, qui recense la condition de notre planète, puis celle qui fait état des prédictions.

Toutefois, rien n'est immuable dans l'univers et la physique elle-même est régie par le fameux principe d'incertitude. Il nous reste donc une petite chance de changer le futur grâce à de la volonté et une pensée constructive, mais il est grand temps de s'atteler à la tâche et non de s'entêter à pratiquer la politique de l'autruche, bien connue de ceux qui nous gouvernent.

Pour y parvenir, nous devons remettre en cause notre culture, imprégnée d'une éducation essentiellement individualiste qui fait abstraction de tout principe d'ordre supérieur, et ouvrir sur-le-champ notre esprit à la quête de la nature ultime de la réalité. Au risque de détruire une hégémonie scientifique établie, nous devons obliger notre pensée à faire un travail personnel pour parvenir à la Vérité que nous cachent notre « raison » raisonnante et, surtout, notre anthropomorphisme.

Nous devons cesser de faire confiance aux « experts » patentés, car nous connaissons à présent leur fréquente incompétence et le terrible usage qu'ils peuvent faire des droits que nous leur avons concédés avec trop de légèreté, et faire le tri entre la véritable information et le lavage de cerveau auquel nous sommes soumis chaque jour ; retrouver surtout notre bon sens et notre libre arbitre car, si nous ne pensons pas par nous-mêmes, c'est l'humanité qui pense pour nous et nous constatons à présent les dégâts engendrés par notre laxisme.

Essayons de coopérer avec la Nature et avec les autres, si différents soient-ils, plutôt que de continuer, dans notre stupide logique de guerre, à nous battre « contre » tout ce que nous ne pouvons comprendre.

La révélation

La prochaine étape que devra franchir la physique
sera de montrer l'influence de la conscience
sur les lois de la nature.
John Wheeler,
professeur de physique à Princeton.

Les prophéties

Un jour, certaines étoiles viendront ensemble
en une seule rangée, comme cela s'est déjà produit
il y a des milliers d'années, ce sera le temps
de purification pour la Terre.
Prédiction des Indiens Hopis.

De très nombreuses prophéties venant de traditions différentes s'accordent pour annoncer, dans un avenir très proche, la fin de nos valeurs, l'effondrement des religions, ainsi que des bouleversements qui affecteraient nos perceptions actuelles, nos manières de voir, de penser et de réagir.

C'est en 1595 qu'Arnold de Wyon fit publier un volumineux ouvrage, *Lignum vitae, Ornamentum et decus Ecclesiae,* dont l'un des passages contient la fameuse « Prophétie des papes », attribuée à tort ou à raison à saint Malachie d'Armagh, évêque d'Irlande, né en 1094 et mort en 1148 à Clairvaux. Cette prophétie donne une série de cent onze devises latines qui devaient s'appliquer, dans l'ordre, à chacun des papes qui se succédèrent depuis Célestin II, successeur d'Innocent II, le pontife qui a reçu saint Malachie lors de son voyage à Rome et lui a conféré le titre de légat du Pape.

Ces devises laconiques se terminent par une formule qui évoque le dernier pontificat, la fin de Rome et le Jugement dernier. Cet écrit a fait couler beaucoup d'encre depuis sa parution, ses détracteurs ont prétendu qu'elle ne pouvait émaner de saint Malachie car on n'avait trouvé aucune trace de cette prophétie après sa mort Mais l'important est qu'elle a été publiée il y a plus de quatre cents ans.

La dernière sentence, la cent onzième, *De gloria olivae* (De la gloire de l'olive), s'appliquerait au nouveau pape, élu le 19 avril 2005, qui a pris le nom de Benoît XVI. Les branches d'olivier seraient le symbole de l'ordre de saint Benoît, en référence à saint Benoît fondateur de l'ordre bénédictin. Certains la mettent en parallèle avec un autre texte prophétique, l'*Apocalypse selon saint Jean*, qui mentionne la « prédication des deux témoins ». Or, ces deux témoins sont désignés sous le nom d'« oliviers ».

La conclusion de la prophétie mentionne un certain Pierre le Romain. « Dans la dernière persécution de la sainte Église romaine, siégera Pierre le Romain, qui paîtra ses brebis au milieu de nombreuses tribulations. Celles-ci étant passées, la ville aux sept collines sera détruite et le Juge terrible jugera son peuple.[1] » On ne sait si cette conclusion apocalyptique est liée au dernier pape ou si elle doit être interprétée de manière distincte. Autrement dit, Benoît XVI est-il Pierre le Romain ou un autre pape

1. *In persecutione extrema sacrae Romanae Ecclesiae, sedebit Petrus Romanus, qui pascet oves in multis tribulationibus ; quibus transactis, civitas septicollis diruetur, et Judex tremendus judicabit populum.*

doit-il lui succéder ? Cependant, aucun pape n'a jamais osé s'appeler Pierre, considéré comme le fondateur de la papauté, car c'est sur le lieu même de sa mort que le Vatican a été construit.

Les « nombreuses tribulations » et l'affirmation que la « cité aux sept collines sera détruite » – il ne peut s'agir que de Rome – rejoignent l'*Apocalypse selon saint Jean* dans sa prévision de « fin d'un monde ».

Le long des cinq nefs de la basilique Saint-Paul-Hors-Les-Murs à Rome, tous les papes sont représentés, de saint Pierre à Benoît XVI, et la tradition veut que, quand il n'y aura plus de place pour le nouveau pape, ce sera la fin du monde. Or, il ne reste plus qu'un médaillon inoccupé, le précédent étant celui destiné à Jean Paul II. Cependant, la fin de la papauté, qui pouvait autrefois être considérée comme la fin du monde, ne serait que la fin d'un monde essentiellement chrétien.

Dans ses propres prophéties qui prédisaient que la chrétienté disparaîtrait en 2033, le pape Jean XXIII citait la Prophétie des papes de Malachie.

Sur une stèle du cimetière de Kirby, en Angleterre, on trouve gravée cette inscription qui date du XVe siècle :

« Quand les images sembleront vivantes avec des mouvements libres,

« Quand les bateaux, comme les poissons, nageront sous la mer,

« Quand les hommes, plus rapides que les oiseaux, fendront le ciel,

« Alors la moitié du monde sera plongée dans le sang. »

Ces prévisions s'apparentent beaucoup à celles de Mother Shipton qui datent de la même époque et sont écrites sous forme de complaintes rimées, que l'on chante encore dans tous les pays de langue anglaise. Elles parlent de voitures qui iront sans chevaux, de pensées qui voleront autour de la Terre durant le temps d'un clin d'œil, et d'hommes qui voyageront sous l'eau, sous la terre ou dans l'air, alors qu'à cette époque, l'automobile, les télécommunications, les tunnels, les sous-marins, les avions faisaient partie des vaticinations qu'on aurait pu qualifier d'absurdes. Et la moitié du monde n'est-elle pas déjà « plongée dans le sang » ?

Les Écritures décrivent très précisément ce qui se passe actuellement sur la planète saccagée par les hommes. La colère de Dieu se répand sur la Terre pendant cette période. L'*Apocalypse* (chap. VI, VIII, IX, XI) évoque la bataille d'« Armaguédon » qui ne serait pas un conflit concernant la matière, comme ceux qui dévastent la Terre, mais un combat entre les forces du Bien et celles du Mal, les disciples du Christ et l'Antéchrist luttant pour la domination du monde. Il y aura un dernier combat entre la vérité et l'erreur qui impliquera tout habitant de la Terre et que *La Bible* décrit comme « le grand jour du Dieu tout-Puissant ». Dans ce combat spirituel, chacun devra décider s'il suivra Dieu et la vie éternelle ou Satan et la destruction de l'humanité.

Dans l'*Apocalypse* (chap. VIII, IX, X, XI, XII), sept anges se tiennent devant Dieu, avec sept trompettes. Lorsque le premier sonna de la trompette, « il y eut de la grêle et du feu mêlés de sang, qui furent jetés sur la terre ; et le tiers de la terre fut brûlé, et le tiers des arbres fut brûlé, et toute herbe verte fut brûlée. » Lorsque le second ange sonna de la trompette, « une énorme masse embrassée par le feu, comme une montagne, fut projetée dans la mer et le tiers de la mer devint du sang. Il périt ainsi le tiers des créatures vivant dans la mer et le tiers des navires ». Et lorsque le troisième ange sonna à son tour, « il tomba du ciel une grande étoile ardente comme un flambeau ; et elle tomba sur le tiers des fleuves et sur les sources des eaux. Le nom de cette étoile est Absinthe ; et le tiers des eaux fut changé en absinthe, et beaucoup d'hommes moururent par les eaux, parce qu'elles étaient devenues amères ». Il faut savoir que l'absinthe, plante très amère, est une variété d'armoise. Or en ukrainien, armoise se dit *tchernobyl*.

On pense aussi, évidemment, à l'impact d'un météore sur la Terre. Il en tombe un grand nombre chaque jour, bien qu'ils soient tellement petits qu'ils passent inaperçus, mais parfois l'un d'eux peut être de taille considérable, comme cela s'est déjà produit dans le passé.

Enfin, lorsque le quatrième ange sonna de la trompette, « le tiers du soleil fut frappé, et le tiers de la lune, et le tiers des étoiles, afin que le tiers en fût obscurci, et que le jour perdît un tiers de sa clarté, et la nuit de même ».

L'Ancien Testament nous précise qu'il y aura 1 290 jours d'épreuves terribles pour l'ensemble de l'humanité, donc trois années et demie, suivies de 45 jours de bouleversements planétaires, soit un mois et demi avant la fin des jours, ou à compter du 25 mars 2009, si nous prenons en considération la date du 21 décembre 2012. La partie de la prophétie qui a trait au « temps de la fin » débute au verset 40 du chapitre XI du *Livre de Daniel* et se termine à la fin du dernier chapitre (XII, versets 11 à 13). « À partir du temps où le Sacrifice perpétuel sera suspendu et où l'Abomination qui désole sera installée, il y aura 1 290 jours. Bienheureux celui qui attend et qui parvient à 1 335 jours ! Et toi, va jusqu'à la fin. Tu seras dans la paix et tu te tiendras dans ton lot si tu parviens à la fin des jours. »

À son tour, le Padre Pio a prophétisé au nom du Christ : « Je vous donnerai un signe pour vous indiquer le commencement du grand jugement : en une froide nuit d'hiver, je ferai retentir le tonnerre qui fera vibrer les montagnes. Alors fermez vos fenêtres et ne regardez pas dehors. Ce sera le premier jugement qui purgera la Terre afin que tout soit renouvelé. Ce châtiment de Dieu anéantira tous les impies. Seuls survivront les justes demeurés en prière dans leurs demeures fermées. Nulle lumière ne pourra être faite. Seuls les cierges bénis éclaireront les maisons des justes. Au matin suivant, le jour illuminera la Terre qui sera devenue semblable à un désert. »

Il demande de ne pas s'effrayer : « N'ayez pas peur de ces "trois jours au tombeau" que Je vous annonce, précédant Mon retour en Gloire dans les cœurs. Ce temps sera terrible d'incompréhension pour les impies et douloureux pour ceux qui M'aiment, mais ils seront dans la joyeuse espérance de Ma venue. Douloureux car les fils de la lumière souffriront du triomphe apparent des ténèbres. »

Il annonce que la Terre deviendra un vaste cimetière et que les trois quarts des hommes périront. « Lorsque le tonnerre résonnera avec une telle force que les montagnes frémiront, cachez-vous du monde extérieur, et ne vous laissez pas aller à des regards curieux en contemplant ces terribles événements. Un feu jamais vu descendra sur la

Terre et une grande partie de l'humanité sera détruite. Le terrible fléau durera soixante-douze heures. »

Par la voix du Padre, Dieu nous avertit que le cataclysme qui s'abattra sur l'humanité sera tel qu'il changera la topographie de la Terre qui sortira de son orbite durant trois jours. « Ces trois jours seront si noirs que personne ne pourra voir ses propres mains. Ceux qui ne seront pas en état de grâce mourront de frayeur, provoquée par la vue d'horribles démons, ou bien ils mourront de démence. »

Ainsi, les fracas du tonnerre ébranleront la Terre qui sera remuée jusque dans ses fondements, des éclairs sillonneront le ciel à une époque où ils ne se produisent jamais ; la mer soulèvera des vagues mugissantes qui se répandront sur le continent. Mais après ces calamités, « ce sera comme le printemps, tout sera vert et propre. La plus belle chose de toutes sera la manière de vivre des gens. Ils ne travailleront pas pour survivre mais pour la charité, chacun aidant l'autre ».

On pourrait comparer ce message à celui qu'aurait reçu de Jésus sœur Faustine Kowalska, qui vécut de 1905 à 1938, qui parle également d'un châtiment plus grave que le déluge, d'un feu qui tombera du ciel et anéantira une grande partie de l'humanité.

Née en 1731, Jeanne le Royer, en religion sœur de la Nativité, est connue pour ses prédictions, en particulier la Révolution et la mort de Louis XVI. Elle a également prévu l'époque du « Jugement dernier ». « Notre Seigneur m'a fait connaître que si le jugement arrivait dans le siècle de 1900, ce ne serait que vers la fin, et que si le monde franchit ce temps, les deux premières décades du siècle de 2000 ne passeront pas sans que le jugement intervienne. »

Nombre de prophéties, de La Salette à Marie-Julie Jahenny et bien d'autres, nous parlent de ténèbres, de tremblements de terre, d'éclairs fulgurants, et toujours en punition de nos actes. Ainsi, le 12 mai 1982, sœur Lucia, la dernière des petites voyantes de Fátima, a écrit au Saint-Père : « Et ne disons pas que c'est Dieu qui ainsi nous punit ; au contraire, ce sont les hommes qui préparent eux-mêmes leur châtiment. Dans sa sollicitude, Dieu nous avertit et nous incite à prendre le bon chemin, respectant la liberté qu'il nous a donnée ; c'est pourquoi les hommes sont responsables. »

Revient alors l'éternelle question de savoir pourquoi la troisième partie du message de Fatima, qui devait être révélée au monde en 1960, n'a toujours pas été dévoilée par les autorités religieuses.

Edgar Cayce, dont la réputation a largement franchi la frontière des États-Unis, avertissait à son tour que nous allons subir de grands changements au début de ce siècle.

Dès son enfance, Edgar se complaisait dans la lecture des saintes Écritures et, à treize ans, il fut marqué à jamais par l'apparition d'un être angélique qui lui demanda ce qu'il désirait le plus. Edgar lui répondit qu'il souhaitait assister autrui, en particulier les enfants malades. Bien que ne possédant aucune formation médicale, il devint plus tard un guérisseur fort connu, puis il effectua des lectures, non sur le seul corps physique, mais aussi sur l'esprit et l'âme. Dans ce qu'il appelait les *Lectures de vie*, il décrivait les vies antérieures des gens qui le consultaient et leurs répercussions dans leur incarnation actuelle.

Au fil des ans et à mesure que sa réputation s'étendait, les sceptiques étaient convaincus de sa sincérité et de l'authenticité de son œuvre, et nombreux étaient ceux qui sollicitaient des lectures. Cayce entrait en contact avec ce qu'il appelait « le Livre de la mémoire de Dieu » ou « les Annales akashiques ».

En 1929, il révéla : « D'ici cent ans environ, après une série de tremblements de terre, des îles s'élèveront hors de l'océan, dans la région des Açores, et les ruines de l'Atlantide seront découvertes et explorées. » Cette prédiction rejoint les prophéties de 2012 qui annoncent l'émergence de terres accompagnée de bouleversements naturels.

Quittons le monde chrétien pour les civilisations dites « païennes ». Leurs prophéties sont bien moins dramatiques que les pronostics précédents. C'est normal puisque l'Église a souvent fait régner la peur parmi ses sujets, peur du péché originel, peur de l'enfer, peur du Jugement dernier, peur de la colère de Dieu. Mais elle a oublié de nous enseigner que nous faisons partie d'un Tout qui représente l'ensemble de la création, aussi bien la Terre que ses habitants, hommes et bêtes, végétaux et minéraux, ainsi que le Cosmos tout entier et, à l'encontre du Christ, elle a trop souvent demandé aux fidèles de tuer au nom de Dieu.

Les Indiens Hopis présagent l'avènement d'une nouvelle humanité où l'homme sera relié aux forces de l'Univers, comme l'ont prévu depuis longtemps les Inuits d'Alaska, les Maoris de Nouvelle-Zélande, les Dogons d'Afrique, les Kahunas des îles Hawaii, les Mayas du Mexique et du Guatemala, et d'autres Amérindiens. D'après ses exégètes, le calendrier maya préciserait que nous irons au-delà des technologies, puis que nous reviendrons aux cycles naturels de la Nature et de l'Univers aux environs de l'année 2012. J'en parlerai plus en détail dans le prochain chapitre.

Quant aux Koguis de Colombie, qui se considèrent comme gardiens de la Terre, ils sont très précis et affirment que le « dernier cycle » a débuté le 19 février 2000 et se terminera le 18 ou 19 février 2013, ce qui n'est pas loin du mois de décembre 2012 de la prophétie des Mayas.

Établis au centre du territoire de la confédération iroquoise des Cinq Nations, dont ils sont les « gardiens du feu », les Onondagas « Peuple des collines » sont les modérateurs dans les réunions des conseils et les dépositaires des archives de la confédération. Leon Shenandoah, qui a quitté notre Terre en 1996, était à la fois le chef de la nation et son grand prêtre. Il fut un apôtre de la non-violence et de la paix, non seulement avec les humains mais aussi avec la nature, et un membre important du mouvement international de l'environnement, très inquiet de la dégradation de l'état de la Terre.

Durant les dernières années de sa vie, il fut préoccupé par les prophéties de son peuple sur la fin de notre monde. À ses yeux, les gens seraient surpris par un changement très rapide : « Très bientôt, tous ceux qui croient détenir un grand pouvoir découvriront ce qu'est vraiment un grand pouvoir : le pouvoir du Créateur. Ils n'auront plus de charbon, de pétrole, de gaz, de pouvoir nucléaire. Nous, êtres humains, ne sommes que de passage ici, nous sommes les invités du Créateur. Il nous a permis de séjourner ici et regardez ce que nous avons fait de Sa création. Nous l'avons empoisonnée, ruinée. Il a toutes les raisons d'être en colère et il l'est. »

Selon les Iroquois, la fin de notre monde sera proche quand les arbres commenceront à dépérir, quand rien ne poussera dans les jardins et que les eaux seront impropres à la consommation. Nous n'en sommes pas loin.

En 1799, Ganyahdiyok, l'un de leurs prophètes, dont le nom signifie « lac plaisant », eut une vision de l'avenir avec ses désastres environnementaux et la pollution de l'air et de l'eau, ce qui était alors impensable pour le commun des mortels. Il vit quatre personnages, comme quatre anges venant de quatre directions, qui nous rappellent les quatre cavaliers de l'Apocalypse. Ces personnages lui annoncèrent des maladies telles que nous n'en avons jamais connu auparavant. On verrait alors un grand monstre jaillir des océans et détruire l'être humain et de nombreuses larmes seraient alors versées. L'un des noms de ce monstre serait « la maladie qui vous ronge de l'intérieur ». Rien ne ressemble plus au cancer qui, d'après les médecins, devrait bientôt toucher une personne sur deux. « Il y aura un grand vent, si puissant qu'un ouragan à ses côtés ressemblera à une brise. Ce vent balaiera la Terre et la nettoiera pour la ramener à son état originel. Ce sera la punition pour ce que nous faisons à la Création. »

Le 25 octobre 1985, Leon Shenandoah s'est adressé à l'Assemblée générale des Nations unies : « Nous avons reçu l'ordre de nous aimer les uns et les autres, et de montrer un immense respect pour chaque créature de notre Terre. La conscience spirituelle est la forme la plus parfaite des politiques. Lorsque le peuple cessera de respecter et d'exprimer sa gratitude pour toutes ces choses, alors la vie humaine sera détruite sur la planète. C'est notre responsabilité. Chaque être humain a le devoir sacré de protéger le bien-être de notre Mère Terre, d'où découle toute source de vie. »

Il a ensuite spécifié que chacun de nous devra reconnaître l'ennemi – y compris celui qui sommeille en nous –, unir toutes les religions en un seul mouvement spirituel et ne plus utiliser des armes, nucléaires ou conventionnelles. « Tant que les guerriers seront aux commandes, vous aurez des guerres. Vous devez élire des gouvernants pacifiques. Cela ne sert à rien de réclamer la paix. Vous devez agir dans la paix, vivre dans la paix, marcher dans la paix, unis avec tous les peuples du monde. »

Il a répété que nous ne pouvons vendre pour notre profit immédiat le bien-être des générations futures, et que nous représentons une énergie spirituelle mille fois plus puissante que l'énergie atomique.

Il a ensuite suggéré de considérer le 24 octobre comme le Jour de la Paix, mais cela a été lettre morte. Comment pourrait-on célébrer le Jour de la Paix, alors que des centaines d'êtres humains, y compris des enfants, sont sacrifiées quotidiennement sur l'autel de la haine, de la vengeance, ou simplement de la cupidité ? « La loi dit que si vous empoisonnez l'eau, vous mourrez, si vous polluez l'air, vous souffrirez, si vous dégradez votre habitat, vous souffrirez encore. La loi vous enseigne tout cela et si vous ne le retenez pas, vous ne pourrez qu'en souffrir. »

Oren Lyons est un *faithkeeper*, un gardien de la foi, responsable de la transmission et de l'interprétation des traditions, légendes et prophéties de son peuple. Il est profondément impliqué dans les discussions nationales et internationales sur les droits des peuples indigènes, l'environnement et le développement durable. En 1990, il fut le négociateur entre les Indiens Mohawks et les gouvernements du Canada, du Québec et de l'État de New York. « L'environnement n'est pas autour de vous, vous êtes l'environnement », dit-il, en faisant remarquer que dans sa langue, le mot « sauvage » n'existe pas et est remplacé par le mot « libre ». Son peuple emploie « vie libre » au lieu de « vie sauvage ».

Il met ses espoirs dans la jeunesse qui a des vues larges sur l'environnement et sa détérioration quotidienne. « La jeune génération peut influencer ses aînés et leur faire comprendre la gravité des problèmes auxquels nous sommes confrontés. »

Quant à Audrey Shenandoah, parente de Leon par le mariage et qui enseigne le langage et la culture à l'École indienne des Onondagas, elle déclare que, d'après leurs prophéties, c'est la nature elle-même qui annoncera les changements de la Terre lorsque nous ne pourrons plus compter sur son aide pour survivre.

Invitée par le Soviet Suprême et l'Académie des sciences de Russie, elle s'est rendue en 1990 à la Conférence sur la survie de la Terre à Moscou afin d'apporter le Message iroquois au millier de parlementaires et de dirigeants spirituels. On pouvait ainsi voir Mère Teresa, le dalaï lama, Carl Sagan, Jacques-Yves Cousteau, Elie Weisel, Lester Brown, l'archevêque de Canterbury, et le Grand Mufti, aux côtés de plusieurs sénateurs américains, dont Al Gore.

« Nous sommes venus dans l'espoir de pouvoir contribuer à sauver la planète de la situation catastrophique dans laquelle elle se trouve, dit-elle en s'adressant à Mikhaïl Gorbatchev. Les humains ne sont pas supérieurs aux autres êtres vivants, bien que nous nous considérions ainsi. Nous ne sommes qu'une partie de la création. Et les technologies qui ont causé des destructions massives peuvent être utilisées pour réparer les dégâts. Tous les pays admettent à présent que tout ce qui est vivant est menacé. Nous portons tous une responsabilité dans cet état des choses et dans leur solution. Pour changer ces pratiques dangereuses, nous devons travailler en harmonie les uns avec les autres et notre environnement. »

Le scheik Ahmad Kuftaro, Grand Mufti de Syrie, a alors déclaré qu'une telle conférence n'aurait jamais pu avoir lieu à Moscou cinq ans plus tôt. Elle fut ouverte par le Secrétaire général des Nations unies, fermée par Gorbatchev et diffusée par Radio Moscou à travers deux cents pays.

Les prophéties des Hopis ressemblent aux prédictions des Mayas pour 2012. L'une d'elles annonce : « Un jour, certaines étoiles viendront s'aligner sur une seule rangée, comme cela s'est déjà produit il y a des milliers d'années, ce sera un temps de purification pour la Terre. Des changements de climat et de nombreuses catastrophes risquent de se produire quand nous parviendrons à ce stade, mais personne ne peut le savoir réellement. »

« Une seule rangée » évoque évidemment l'alignement de toutes les planètes, prévu le 21 décembre 2012. Selon ce peuple, nous entrerons alors dans une nouvelle ère. Le premier monde aurait été détruit par un feu dévastateur venu du ciel et de la Terre, le deuxième monde aurait pris fin lorsque le globe terrestre a dévié de son axe et la glace a recouvert la Terre, le troisième monde aurait été anéanti par un déluge universel et notre monde actuel, qui est le quatrième, devrait être anéanti par les flammes. On pense qu'il pourrait s'agir de très violents séismes qui dévasteraient la surface du globe.

Pour les Hopis, dans les mondes précédents, la technologie fut très avancée, plus qu'elle ne l'est actuellement, au point qu'elle engendra de nombreux déséquilibres qui menèrent à des guerres, des problèmes sociaux, puis des catastrophes naturelles. Lorsque chaque monde atteignit le point de désintégration, une infime minorité qui vivait en accord avec la nature fut à même de survivre.

Toutefois, ces prophéties peuvent ou non se concrétiser selon la volonté du Créateur ou le comportement des hommes, mais celles qui se sont réalisées sont impressionnantes, au point que le livre des prophéties des Hopis (*Hotevilla*) a été traduit en français par l'Unesco.

Les Hopis pensent que l'équilibre de la nature est maintenu par tout ce qui nous entoure, l'eau, les minéraux, le soleil, l'atmosphère, autant que par les pensées, car « nous faisons tous partie d'une forme d'énergie globale ». Or, malgré les avertissements, notre civilisation inconsciente et ignorante détruit toutes sources de vie de la planète ainsi que son équilibre bioélectrique. Ils sont inquiets pour leur peuple, mais aussi pour toute l'humanité. « Notre enseignement et nos prophéties nous informent que nous devons rester vigilants aux signes et aux présages qui surviendront afin de nous donner le courage et la force de rester fidèles à nos croyances. Le sang coulera. Nos cheveux et nos vêtements seront éparpillés sur la terre. La nature nous parlera avec le souffle puissant du vent. Il y aura des tremblements de terre, des inondations et des feux étranges en différents endroits, causant de grands désastres, des changements dans les saisons. Le temps aussi changera et la vie sauvage disparaîtra. La famine apparaîtra sous différentes formes. La corruption et la confusion grandiront parmi les leaders et les peuples à travers la Terre entière, et les guerres surgiront comme des vents puissants. »

Thomas Banyacya, décédé en 1999, fut le porte-parole de la nation hopi et des créatures, comme les animaux, qui ne peuvent s'exprimer. « On nous a dit que des hommes essayeraient d'aller sur la Lune, qu'ils en rapporteraient quelque chose et qu'ensuite la nature montrerait des signes de perte d'équilibre. [...] Nous nous trouvons aujourd'hui à la croisée des chemins et nous devons choisir entre celui qui nous mènera à la vie éternelle ou celui qui nous mènera à la destruction totale. [...] Les leaders hopis ont prévenu les leaders de la Maison Blanche et de la Maison de Verre (les Nations unies) mais ils n'ont pas été écoutés. Aussi, comme le dit notre prophétie, c'est au tour de ceux qui ont un cœur pur et bon et qui n'auront pas peur de nous aider à accomplir notre destinée dans la paix pour ce monde. »

Thomas Banyacya croyait que le pouvoir spirituel des êtres humains qui s'exprime à travers les prières est si puissant qu'il peut décider de la vie sur Terre, et que nous devons propager la vérité par tous les moyens, les journaux, la radio, les livres. « Si vous pouvez rencontrer des gens puissants, dites la vérité ! Dites-leur ce que vous savez être vrai. Si vous réussissez, nous comprendrons toutes nos erreurs du passé et nous retournerons vers le vrai chemin de la vie en harmonie, comme des frères et des sœurs, partageant notre mère, la Terre, avec toutes les autres créatures vivantes. »

Thomas Banyacya avait un grand sens de l'humour. En 1990, il fit remarquer que ceux qui avaient frappé les billets de banque des États-Unis avaient commis une grosse erreur en imprimant *In God We Trust* (Nous croyons en Dieu). Ils auraient dû ajouter un *l* à *God* et inscrire sur les billets : *In Gold We Trust* (Nous croyons à l'or).

En décembre 1992, il annonça que nous allions assister à des marées grandissantes, des tempêtes de plus en plus fortes, des pluies de grêlons énormes, des changements climatiques et de nombreux tremblements de terre. Selon lui, les animaux eux-mêmes nous préviennent par leur changement de comportement, comme les baleines qui s'échouent sur les plages. Si nous n'écoutons pas leurs avertissements, notre monde moderne sera détruit de la même manière que l'ont été les mondes précédents.

Les Hindous ont aussi leurs prophéties bien qu'aucune tradition orthodoxe n'ait jamais encouragé les recherches de l'homme pour arriver à connaître l'avenir, cette connaissance présentant à leurs yeux beaucoup plus d'inconvénients que d'avantages. Cependant, ils attendent l'arrivée du Kalki Avatar, promis par les Écritures, à la fin de l'âge des ténèbres et au début de l'âge de la lumière.

Pour eux, lorsque la fin de l'âge de Kali sera proche, Brahmâ, qui est le commencement et la fin et comprend toutes choses, descendra sur la Terre. Il naîtra en tant que Kalki dans la famille d'un éminent brahmane du village de Shambala, doté des huit facultés du surhomme. Il détruira les barbares et les voleurs, rétablira l'harmonie sur la Terre et éveillera l'esprit des hommes qui donneront alors naissance à une race qui suivra les lois de l'âge de Krita, l'Âge de la Pureté, et deviendront aussi transparents que le cristal [2].

Le Mahabharata nous enseigne que ce temps arrivera lorsque les gouvernants perdront la raison, lèveront des impôts injustifiés, ne protégeront plus leurs sujets et deviendront un danger pour le monde. Les hommes auront des envies de meurtres sans raison ; l'avarice, l'envie et la luxure seront acceptées par la société au mépris des lois du Dharma, les faibles seront volés et exploités par les forts. Les peuples seront alors enclins à suivre les conseils des fausses sciences, les lâches auront une réputation de bravoure, et les braves seront mal considérés, personne n'aura plus confiance en personne, même dans leur propre famille. Nombreux seront les hommes et les femmes qui deviendront esclaves de boissons excitantes, de drogues, de sexe. Les hommes chercheront à fuir leur pays, et la famine sévira partout, les gens détruiront les arbres et les jardins et ne respecteront plus les animaux [3].

Il semble bien que ce temps est déjà arrivé dans toute son acception, tout au moins dans notre monde dit « civilisé ». À ce sujet, René Guénon parlait, lui aussi, de « la fin d'un monde », et de la promesse d'un nouveau cycle complet, d'une nouvelle humanité.

Il est indubitable que nous nous trouvons au terme d'un cycle – le *Kali Yuga* – qui s'est caractérisé comme « un temps où la connaissance spirituelle est devenue cachée, et où quelques-uns seulement peuvent encore l'atteindre, pourvu qu'ils se placent dans les conditions voulues pour l'obtenir ».

2. *Vishnu Purana* 4:24.
3. *Vana Parva*, Section CLXXXIX.

Dans un monastère du Tibet, Andrew Thomas, auteur du livre *Shamballa, Oasis de lumière*, aurait reçu le même genre de prophétie par celui que les théosophes désignent sous le nom du « Maître Tibétain » ou Djwal Khul. Ce dernier lui aurait annoncé l'avènement, à notre époque, d'une ère meilleure, appelée « le Cycle de Tara, », un Âge où toute l'humanité devrait se rassembler autour de l'idée de Fraternité.

Après avoir exhorté chacun à se préparer à de grands bouleversements, à choisir clairement son camp entre la Lumière et les Ténèbres, la Fraternité et l'Égoïsme, et à s'engager dans le combat en vue de cet avènement, il aurait ajouté : « D'ici cent ans environ, après une série de tremblements de terre, des îles s'élèveront hors de l'océan, dans la région des Açores, et les ruines de l'Atlantide seront découvertes et explorées », ce qui rejoint, mot pour mot, les prophéties d'Edgar Cayce.

Bien que son authenticité soit très contestée et que l'ouvrage original soit introuvable, je ne peux clore ce chapitre sans évoquer *Le Protocole secret* ou *Livre des Prophéties* [4], qui aurait été écrit il y a neuf siècles par un moine chevalier franc, Jean de Vézelay, appelé aussi Jean de Jérusalem, peu après son arrivée dans la ville sainte avec les Croisés.

Le manuscrit original aurait été mis à jour en 1942 lorsque des nazis détruisirent une synagogue de Varsovie, puis il aurait disparu, pour être à nouveau découvert en 1992 dans les archives du monastère de Zagorsk près de

4. Galvieski M., *Jean de Jérusalem, Le Livre des Prophéties*, Lattès, 1994.

Moscou, par un certain professeur Galvieski, qui semble être un personnage introuvable. Cependant, rien ne prouve qu'il n'a pas existé, ni que cette œuvre est un faux. Même si c'est un faux, *Le Protocole secret* est intéressant car il dresse un portrait étonnamment juste de notre société actuelle et de la planète.

La première partie est composée de trente recueils qui font le point sur notre temps, et la seconde partie, composée de dix autres recueils, nous prévient de ce qui se produira en « l'An Mille qui vient après l'An Mille » et reprend toutes les prophéties citées plus haut.

Jean de Vézelay, ou de Jérusalem, qui aurait été recueilli par des religieux sur la route de Compostelle, aurait participé à la libération de Jérusalem en 1099, conquise vingt ans plus tôt par les Turcs. C'est au cours de son séjour dans la Ville Sainte qu'il aurait rédigé son recueil prophétique, dans lequel il annonce la montée de la violence, des maladies et l'avènement d'un monde nouveau.

Il commence la plupart des versets par « Je vois et je sais » et le texte est assez poétique, malgré la noirceur des événements qu'il évoque.

Il annonce que Jérusalem ne sera plus la ville des Croisés car le sable aura enfoui sous ses grains les murailles de leurs châteaux, leurs armures et leur os, et que les chrétiens, venus de loin en pèlerins, n'oseront s'approcher du Tombeau et des Reliques qu'escortés par des Chevaliers juifs qui auront là leur Royaume et leur Temple, car les Infidèles seront une foule innombrable qui se répandra partout et leur foi résonnera comme le tambour d'un bout à l'autre de la Terre.

« Mille ans auront passé depuis le temps que nous

vivons et les fiefs se seront partout rassemblés en de grands royaumes et de vastes empires.

« Mille ans auront passé et l'homme aura gagné le fond des mers et des cieux et il sera comme une étoile au firmament. Il aura acquis la puissance du soleil et il se sera pris pour Dieu, bâtissant sur l'immense terre mille tours de Babel.

« Lorsque commencera l'An Mille qui vient après l'An Mille, se dresseront en tout point de la Terre des tours de Babel. [...] Les champs se videront.

« Lorsque commencera l'An Mille qui vient après l'An Mille, chacun cherchera à jouir tout ce qu'il peut, l'homme répudiera son épouse autant de fois qu'il se mariera et la femme ira par les chemins perdus prenant celui qui lui plaira, enfantant sans donner le nom du père. »

Toutes ces prédictions s'avèrent chaque jour, mais, surtout, le Prophète, quel qu'il soit, décrit la société de consommation et la misère qu'elle engendre, et l'on peut comparer ces descriptions aux photos prises par Amnesty International et bien d'autres dans certains pays africains.

« Lorsque commencera l'An Mille qui vient après l'An Mille, on verra l'enfant dont les os percent la peau, et celui dont les yeux sont couverts de mouches, et celui qu'on pourchasse comme un rat, mais l'homme qui verra détournera la tête, car il ne se souciera que de lui. Celui-là donnera une poignée de grains comme aumône alors qu'il dort sur des sacs pleins, et ce qu'il donnera d'une main, il le reprendra de l'autre.

« Lorsque commencera l'An Mille qui vient après l'An

Mille, l'homme fera marchandise de tout, chaque chose aura son prix, l'arbre, l'eau et l'animal. Plus rien ne sera vraiment donné et tout sera vendu.

« Mais l'homme alors ne sera plus que poids de chair. On troquera son corps comme un quartier de viande, on prendra son œil et son cœur, rien ne sera sacré ni sa vie ni son âme, on se disputera sa dépouille et son sang comme une charogne à dépecer.

« Lorsque commencera l'An Mille qui vient après l'An Mille, l'homme aura changé le visage de la Terre. Il se voudra le Maître et le Souverain des forêts et des troupeaux. Il aura creusé le sol et le ciel, et tracé son sillon dans les fleuves et les mers.

« Mais la terre sera nue et stérile, l'air deviendra brûlant et l'eau sera fétide, la vie se fanera car l'homme épuisera la richesse du monde. Et l'homme sera seul comme un loup, dans la haine de lui.

« Lorsque commencera l'An Mille qui vient après l'An Mille, l'enfant sera lui aussi vendu. Certains se serviront de lui comme d'une quintaine, pour jouir de sa neuve peau. D'autres le traiteront comme un animal servile.

« Lorsque commencera l'An Mille qui vient après l'An Mille, les hommes seront si nombreux sur les terres qu'ils ressembleront à une fourmilière dans laquelle on enfonce le bâton. De grands mouvements les pousseront d'une contrée à l'autre. Les peaux brunes se mêleront aux peaux blanches.

« Lorsque commencera l'An Mille qui vient après l'An Mille, les maladies de l'eau, du ciel et de la Terre frapperont l'homme et le menaceront. Il voudra faire renaître ce qu'il a détruit et protéger ce qui demeure. Il aura peur des jours qui viennent. Mais il sera bien tard. Le désert rongera la terre et l'eau sera de plus en plus profonde. Elle ruissellera certains jours en emportant tout comme un déluge et elle manquera le lendemain à la terre. Et l'air rongera le corps des plus faibles. »

Ce constat reflète exactement ce qui se passe déjà sur notre Terre, comme le savent actuellement tous les gens conscients. Mais les prédictions suivantes sont moins d'actualité immédiate, bien que nous soyons nombreux à penser que ces calamités nous guettent.

« Lorsque commencera l'An Mille qui vient après l'An Mille, la terre tremblera en plusieurs lieux et les villes s'effondreront. Tout ce que l'on aura construit sans écouter les sages sera menacé et détruit. La boue submergera les villages et le sol s'ouvrira sous les Palais.

« L'homme s'obstinera car l'orgueil est sa folie. Il n'entendra pas l'avertissement répété de la terre, mais l'incendie détruira les nouvelles Rome, et dans les décombres accumulés, les pauvres et les barbares pilleront malgré les Légions les richesses abandonnées.

« Lorsque commencera l'An Mille qui vient après l'An Mille, le soleil brûlera la terre, l'Air ne sera plus le voile qui protège du feu, il ne sera qu'un rideau troué et la lumière brûlante rongera les peaux et les yeux.

« La mer s'élèvera comme une eau qui bout. Les villes et les rivages seront ensevelis et des continents entiers disparaîtront. Les hommes se réfugieront sur les hauteurs, et ils reconstruiront, oubliant déjà ce qui est survenu. »

Le Prophète nous prévient que l'homme refusera d'écouter la voix de Cassandre qui sera pourtant forte : « Il ne l'entendra pas, car il voudra toujours plus posséder et sa tête sera perdue dans les mirages. Ceux qui seront ses Maîtres le tromperont, et il n'y aura que des mauvais bergers. »

Heureusement, la suite des prophéties est beaucoup plus optimiste et, à partir du verset 31, le ton change :

« Lorsque ce sera le plein de l'An Mille qui vient après l'An Mille, les hommes auront enfin ouvert les yeux. Ils ne seront plus enfermés dans leurs têtes et dans leurs cités. Ils se verront et s'entendront d'un point à l'autre de la Terre. Ils sauront que ce qui frappe l'un blesse l'autre.

« Les hommes formeront comme un grand corps unique dont chacun d'eux sera une part infime. [...] Ils communiqueront entre eux car leur esprit sera si grand ouvert qu'il recueillera tous les messages, et les rêves seront partagés. Et ils vivront aussi longtemps que le plus vieux des hommes, celui dont parlent les Livres Saints.

« Lorsque ce sera le plein de l'An Mille qui vient après l'An Mille, l'homme saura quel est l'esprit de toute chose. Il aura percé les secrets que les Dieux anciens possédaient et il poussera porte après porte dans le labyrinthe de la vie nouvelle.

« On soignera alors la maladie avant qu'elle n'apparaisse et chacun sera guérisseur de soi et des autres », ce qui sera un changement inespéré et pourtant prôné par les tenants des médecines douces et de la prévention des maladies par une vie saine.

« Lorsque ce sera le plein de l'An Mille qui vient après l'An Mille, l'homme saura que tous les vivants sont porteurs de lumière et qu'ils sont créatures à respecter. [...] Il aura la mémoire de ce qui fut et il saura lire ce qui sera. Il n'aura plus peur de sa propre mort car il aura dans sa vie vécu plusieurs vies et la Lumière, il le saura, ne sera jamais éteinte. »

Quel que soit le véritable auteur des prophéties, même si le texte est récent, il annonce des événements actuels ou futurs qui n'étaient pas prévus lorsque le manuscrit fut découvert, ni même lorsque l'ouvrage fut publié pour la première fois par les éditions Lattès, en 1994.

Les calendriers mayas

Nous le savons :
la terre n'appartient pas à l'homme,
c'est l'homme qui appartient à la terre.
Toutes choses sont liées.
Tout ce qui arrive à la terre
arrive aux fils de la terre.
Chef indien SUQUAMISH.

IL A FALLU attendre le milieu du XIXe siècle et la fin de la domination espagnole en Amérique centrale pour que le monde occidental découvre enfin le monde maya, ses pyramides et ses cités perdues dans la jungle. Les découvertes archéologiques ont alors été nombreuses malgré la destruction espagnole, et l'analyse des rares codex mayas postclassiques non brûlés lors de l'autodafé de 1562 a permis de comprendre en grande partie l'écriture maya, bien qu'il reste encore aujourd'hui des zones d'ombre dans la connaissance de cette écriture syllabique entremêlée de dessins.

La société maya était divisée en castes et dirigée héréditairement par des rois, princes, ou chefs locaux, conseillés par des prêtres qui jouaient un rôle majeur. L'économie reposait principalement sur l'agriculture et le mot « maya » désignait celui qui cultivait le maïs. Les Mayas entretenaient des relations commerciales avec des cités lointaines et, comme les objets en cuivre, les fèves de cacao servaient de monnaie d'échange.

Les Mayas utilisaient plusieurs calendriers, chacun représentant une approche différente de la mesure du temps, combinaison qui leur permettait d'atteindre une précision astronomique remarquable. En effet, pour eux, l'année solaire comptait 365, 2 420 jours, chiffre très proche de 365, 2 422 jours qui est celui de l'année tropique. Leur calendrier est donc encore plus précis que le calendrier grégorien que nous utilisons depuis 1582 et qui compte 365, 2 425 jours. Il est aussi précis au sujet de la lunaison estimée en moyenne à 29, 53 086 jours.

Il est surprenant de constater cette extraordinaire connaissance des Mayas en astronomie, alors que leur culture était assez primitive et qu'ils ignoraient même le principe de la roue. Ils avaient également une idée très juste des mouvements du Soleil, de la Terre et d'autres planètes. Ils étaient même capables de prédire les éclipses et, bien avant l'existence des télescopes, ils connaissaient Uranus, découverte en 1789 par William Herschel, et Neptune, découverte en 1846 par Adams et Le Verrier.

Leurs villes étaient construites selon la cartographie du ciel et les bâtiments dans l'alignement du soleil, ce qui confirme leur connaissance de l'astronomie. Ils attribuaient l'origine de ce savoir à leurs aïeux, les Olmèques, qui les tenaient eux-mêmes des premiers hommes. La plupart des scientifiques estiment que les Mayas tenaient leur calendrier d'une autre civilisation. Mais laquelle ?

Comme les autres peuples d'Amérique centrale précolombienne, les Mayas utilisaient une numérotation à base 20 et non 10 comme nous. On suppose que ces multiples de 20 représentaient les 10 doigts des mains plus les 10 doigts des pieds. Ces nombres étaient écrits verticalement. Les Mayas connaissaient le zéro alors que l'Occident a dû attendre le Moyen Âge pour l'apprendre des Arabes qui le tenaient eux-mêmes des savants de l'Inde. Ils comptaient de zéro à dix-neuf, et savaient écrire les très grands nombres à l'aide des différentes puissances de vingt.

Le calendrier Tzolkin, d'une durée de 260 jours, comprend treize périodes de vingt jours. Fondé sur le cycle des Pléiades, il est considéré comme sacré et détermine d'importants tournants de l'histoire de l'humanité. Il était utilisé à des fins divinatoires et religieuses. Certains l'appellent le « Calendrier des treize lunes ». Ce chiffre 260 correspond au nombre de jours où Vénus est visible, soit à l'est, soit à l'ouest du Soleil.

Le calendrier Haab de 365 jours avait un caractère civil et agricole. Quant au Compte long, ou décompte des jours sur une période d'environ 5 125 ans, il était destiné à la datation des événements historiques et permettait une lecture linéaire du temps à partir d'une certaine date. Il serait trop long de s'étendre sur les multiples calendriers qui sont parfaitement synchronisés, mais il est un point sur lequel tous les chercheurs s'accordent, ce sont les dates du début du calendrier, soit le 13 août 3114 avant J-C, et de sa fin, soit le 21 décembre 2012.

Les Mayas tenaient compte des infimes variations de décalage entre le plan de rotation de Vénus et l'axe de rotation de la Terre elle-même, et les cycles de Vénus leur permettaient de prédire ce qui arriverait à chaque « mort » de Vénus. Or, à présent, les calculs astronomiques par ordinateur signalent que le 21 décembre 2012, juste avant le coucher de soleil, Vénus disparaîtra sous l'horizon occidental tandis qu'à l'est, les Pléiades s'élèveront au-dessus de l'horizon. Symboliquement, on assistera à la mort de Vénus et à la naissance des Pléiades.

La compréhension maya du temps et des cycles des saisons est très complexe et les prévisions des calendriers, basées sur une unité de temps qui correspond à un millième d'une journée de vingt-quatre heures, sont si précises qu'elles ont permis de prévoir un vol de papillons, le dimanche de Pâques du 21 avril 1519. Or, ce jour-là, venant du vieux continent et ressemblant à des vols de papillons rasant la surface de l'océan, Hernan Cortès et sa flotte de onze galions espagnols débarquèrent au Mexique près du site actuel de Vera Cruz. Ces « papillons » n'apportèrent hélas ni la paix ni l'harmonie. Les Mayas ont appelé cette ère « les Neuf Enfers », chacun comprenant cinquante-deux années qui se sont déroulées exactement comme les Anciens l'avaient annoncé : confiscations des terres des Indiens, privations des libertés, installation des maladies, de la pauvreté et de la haine parmi les populations.

À ce jour, personne n'est encore parvenu à expliquer la disparition soudaine de cette civilisation.

Carlos Barrios, historien, anthropologue, est né dans l'Altiplano sur les hauteurs du Guatemala, au sein d'une famille espagnole, près du lieu de résidence de la tribu maya Mam, considérée chez les Mayas comme la patrie des Gardiens du Temps et des autorités au niveau des anciens calendriers.

Il a étudié les fameux calendriers pendant vingt-cinq ans auprès des Anciens de la tribu Mam et a publié en espagnol *Kam Wuj : le Livre du Destin*, qui fait le point sur l'enseignement maya. Il est à présent devenu un « Ajq'ij Maya », c'est-à-dire un prêtre habilité à officier au cours des cérémonies et un Guide spirituel du Clan de l'Aigle.

Aidé par son frère Gerardo, Carlos Barrios a interrogé plus de six cents Mayas. « Les anthropologues visitent les sites des temples, ils lisent les stèles et les inscriptions et inventent des histoires à propos des Mayas, mais ils ne savent pas lire les signes correctement. Certains annoncent la fin du monde pour décembre 2012. C'est simplement leur imagination. Les Mayas ne sont pas contents de cette interprétation. Le monde ne va pas se terminer. Il sera transformé. Les Indiens ont des calendriers et savent comment les interpréter de façon précise, mais pas les Occidentaux. »

Il annonce que : « l'humanité va continuer, mais d'une autre manière. Les structures matérielles changeront. À partir de là, nous aurons l'opportunité d'être plus humains ». Voilà enfin une excellente nouvelle !

Selon Carlos Barrios, depuis 1987, nous vivons une période où le monde matérialiste est en train de disparaître, lentement mais inexorablement, entraîné par la destruction de l'environnement, le chaos social, des guerres et des changements climatiques. Tout cela a été prévu de longue date par les anciens Mayas. Il affirme que les Gardiens du Temps mayas considèrent le 21 décembre 2012 comme la date de la renaissance, le début du Monde du Cinquième Soleil, le départ d'une nouvelle Ère. Ce ne sera certes pas la fin de l'univers mais celle du monde dans lequel ils vivent, c'est-à-dire l'ancien monde avec ses vieilles énergies qui cesseront d'exister et basculeront sur une ligne de temps totalement différente, une autre voie cosmique.

D'après les croyances mayas, notre monde aurait déjà vécu sous quatre Soleils, le nôtre étant le cinquième. En mourant, chaque Soleil aurait entraîné des cataclysmes dus aux quatre éléments comme des tremblements de terre, éruptions volcaniques, inondations.

On retrouve curieusement cette classification du temps en quatre Âges, non seulement dans le calendrier aztèque, mais également dans les *Puranas* de l'Inde antique et dans les tablettes chaldéennes. Les Mésopotamiens mentionnent la division cyclique du temps en quatre Shars, et les *Puranas* décrivent une succession de quatre Ères, le *Satya Yuga* ou Âge d'Or, le *Treta Yuga* ou Âge d'Argent, le *Dwapara Yuga* ou Âge de Cuivre, et le *Kali Yuga* ou Âge de Fer, précédant le passage au Nouvel Âge d'Or, qui correspondrait au cinquième Soleil des Mayas.

À partir de sa compréhension de la tradition et des calendriers mayas, Carlos Barrios dresse le bilan de la situation actuelle de l'humanité : « Le temps n'est plus au jeu mais à l'action. Bien des âmes puissantes ont choisi de se réincarner au cours de cette période, et elles sont venues avec de grands pouvoirs. C'est vrai des deux côtés, de la Lumière comme de l'Ombre. La haute magie est à l'œuvre des deux côtés. Les choses vont changer, mais le degré de difficulté ou de facilité des choses à venir dépendra de nous tous et de chacun d'entre nous. »

À ses yeux, la puissance de l'économie libérale est un leurre : « Les premières cinq années de la période de transition, d'août 1987 à août 1992, ont marqué le début de la destruction du monde matériel. Les banques sont désormais fragiles. Elles passent par un moment délicat. Elles pourraient s'effondrer au cours des prochains mois sans que nous ne puissions rien y changer. Si les banques s'effondrent, nous serons forcés de nous centrer sur nous-mêmes et sur la Terre. » Cette prédiction sur les banques, faite il y a plus de quinze ans, est plus que jamais d'actualité, même si elles ont gagné quelque temps avant de s'effondrer.

Barrios prédit que les pôles magnétiques Nord et Sud vont s'inverser, que le niveau de l'eau dans les océans va monter. « Mais au même moment, des terres jailliront de l'océan, en particulier près de Cuba. »

Ses prédictions à travers le calendrier Tzolkin rejoignent, entre autres, celles d'Edgar Cayce sur ce genre de précisions géographiques. Il ajoute : « Nous vivons dans un monde de polarité : jour et nuit, homme et femme, positif et négatif. La Lumière et l'Ombre ont besoin chacune de l'autre ; elles sont en équilibre. Mais actuellement le côté Ombre est très fort et très déterminé quant à ses objectifs. Ses priorités sont clairement établies et sa hiérarchie parfaitement structurée. La hiérarchie de l'Ombre travaille afin que nous soyons incapables de nous connecter avec la spirale du Cinquième Monde en 2012. »

Selon Carlos Barrios, le côté Ombre œuvrerait pour empêcher l'éveil des consciences, renforcer le matérialisme et détruire ceux qui travaillent avec la Lumière en vue de faire évoluer la Terre vers un niveau plus élevé. Ses représentants refuseraient le changement, l'union de tous les êtres vivants. Craignant l'élévation générale du niveau de conscience, ils voudraient rester au niveau actuel.

Carlos Barrios explique que l'avènement de l'Ère du Cinquième Soleil nécessite un élément très spécial. Alors que les quatre éléments traditionnels, terre, air, eau et feu, ont dominé les époques du passé, il y a désormais un cinquième élément à prendre en compte, c'est l'éther. « Le dictionnaire définit l'éther comme un élément raréfié de l'atmosphère. L'éther est en réalité le plus actif dans notre univers. Il pénètre tout espace et transmet des ondes d'énergie sur une vaste gamme de fréquences, depuis les téléphones mobiles jusqu'aux auras humaines. Ce qui est « éthéré » touche des régions bien au-delà de la Terre. L'éther, l'élément du Cinquième Soleil, est céleste et manque de substance matérielle, mais il est aussi réel que le bois, la pierre ou la chair. »

D'après lui, il peut y avoir une fusion des polarités sur le plan de l'éther. « Ce n'est plus l'Ombre ou la Lumière, mais une fusion structurée entre les deux. Actuellement, le Royaume de l'Ombre refuse cette fusion. Ils se sont organisés pour la bloquer. Ils cherchent à déséquilibrer la Terre et son environnement de façon à ce que nous ne soyons pas prêts pour l'alignement de 2012. Nous avons besoin de travailler ensemble pour la paix et l'équilibre avec l'autre côté. Nous avons besoin de prendre soin de la Terre qui nous nourrit et nous abrite. Nous avons besoin de nous concentrer entièrement, corps, âme et esprit, à la quête de l'unité et à la fusion. »

Au cours d'une conférence donnée à Santa Fé, Carlos Barrios a insisté sur le caractère critique des années que nous allons traverser. Il a déclaré : « Nous sommes perturbés parce que nous réalisons que nous ne pouvons plus continuer à tricher. Notre planète sera soit renouvelée, soit ravagée. C'est à chacun d'entre nous maintenant de s'éveiller et d'agir. Chacun a sa raison d'être ici-bas. Aucun de nous n'est ici sans raison. Chaque être qui se trouve ici maintenant a une mission importante. C'est un moment difficile, mais exceptionnel. Nous avons tous l'opportunité d'évoluer, mais nous devons être prêts à assumer ce moment de l'histoire. »

Il a insisté sur le fait que notre nourriture est malsaine. « Faites attention à ce que vous absorbez. Apprenez à préserver la nourriture et à conserver l'énergie. Étudiez de bonnes techniques respiratoires pour obtenir la maîtrise de votre souffle. »

D'après Carlos Barrios, si nous nous sommes incarnés dans cette période, c'est que nous avons un travail spirituel à accomplir pour rééquilibrer la planète. Ses dernières paroles avant de quitter Santa Fé ont été : « La plus grande sagesse est la simplicité. L'amour, le respect, la tolérance, le partage, la gratitude, le pardon, tout cela n'est ni difficile ni complexe. La véritable connaissance est gratuite. Elle est encodée dans votre ADN. Tout ce dont vous avez besoin est à l'intérieur de vous. De grands Enseignants l'ont dit depuis le commencement des temps : trouvez votre cœur, et vous trouverez votre chemin. »

Il a ajouté que depuis 1987, nous sommes entrés dans une période de transition qui va voir disparaître, lentement mais sûrement, le monde matérialiste. Les prophéties indiquent que nous sommes parvenus à la fin d'un dernier cycle d'existence pour nos civilisations [1].

1. Organization for Mayan and Indigenous Spiritual Studies : HCR 72, Box 142, Ribera, NM 7560 USA. (www.sacredroad.org).

Au cours de cette nouvelle ère, les gens vont apprendre à vivre en harmonie avec Gaïa, notre Terre Mère, mais, actuellement, celle-ci est la proie d'une destruction systématique de l'environnement. Il n'est donc pas surpris par les colères actuelles de la Terre.

Il a confié au journaliste Steven McFadden, directeur de Chiron Communications : « Tout ceci avait été prévu de longue date par les anciens Mayas. Ce n'est qu'une simple question de "spirale mathématique". Il y aura de grands changements, tout changera. » Mais ces changements seront tout à fait positifs. « Ce sera le démarrage d'une nouvelle Ère résultant du réalignement de l'axe polaire avec le centre de notre galaxie. Au lever du Soleil du 21 décembre 2012 et pour la première fois depuis 26000 ans, le Soleil se lèvera pour se joindre à l'alignement des plans écliptiques et de la Voie lactée. Cette croix cosmique est considérée comme une incarnation de l'Arbre Sacré, l'Arbre de la Vie, un arbre reconnu dans toutes les traditions spirituelles du monde. »

Carlos Barrios pense que cet alignement avec le cœur de la galaxie en 2012 devrait ouvrir un canal afin que l'énergie cosmique puisse couler à travers la Terre, la nettoyant et l'élevant ainsi vers un plus haut niveau de vibration.

Barbara Hand Clow, petite-fille d'Indien Cherokee, fait partie des Sages de la Communauté internationale maya. Elle est à la fois éditrice et auteur de plusieurs ouvrages, et enseigne à de nombreux étudiants les divers aspects du savoir des Indiens des deux Amériques. À l'instar de Carlos Barrios, elle s'applique à ce que la signification prophétique du Code maya devienne largement accessible à tous ainsi que les infléchissements des énergies spirituelles du temps.

Elle a travaillé avec le biologiste suédois Carl Johan Calleman, qui fut expert cancérologue auprès de l'OMS, mais qui, depuis 1979, se consacre à décrypter les secrets du calendrier maya à travers ses voyages au Mexique et en Amérique du Sud. Pour lui, nous ne pourrons comprendre ce qui va arriver en 2012 que si nous admettons que nous vivons dans un processus divin continu de création et si nous en connaissons les cycles. Jusqu'à maintenant, seule une petite partie de l'humanité en est consciente.

« C'est maintenant qu'il faut étudier le calendrier maya et en débattre. Quand viendra 2012, il sera sûrement trop tard. D'ici là, ou bien nous aurons réussi à accomplir le Dessein divin, ou bien notre ignorance et la désinformation générée par les intérêts particuliers nous auront empêchés de faire usage de notre capacité à influer sur le cours des événements pour effectuer notre saut quantique collectif vers la conscience de l'Inframonde universel. C'est pourquoi nous devons nous concentrer sur ce que le calendrier maya nous dit au sujet du moment présent, et non sur 2012. Étudier sérieusement le calendrier maya, ce n'est pas rester assis à attendre de voir ce qui va se passer, c'est contribuer à l'amélioration des capacités de chacun à faire ce bond quantique », écrit-il dans sa préface du dernier livre de Barbara Hand Clow, le *Code Maya* [2].

Aux yeux de ce microbiologiste, le décodage du calendrier maya jette les bases universelles de principes qui

2. Éditions Alphée, 2007. Traduction de Claude Badens.

permettent de comprendre la vérité de Dieu et de sa création alors qu'aucun être humain n'a encore jamais été capable d'appréhender la plénitude de cette vérité, car nous sommes limités par le fait que nous sommes une partie intrinsèque du monde que nous cherchons à comprendre.

Il pense que le calendrier maya est la Théorie du tout, ou Théorie complète, qui fut anticipée par Stephen Hawking dans *Une brève histoire du temps,* lorsqu'il écrit : « Si toutefois nous devions découvrir une théorie aussi complète, ses principes généraux devraient être assez simples pour être compris, non pas simplement d'un petit nombre de scientifiques, mais de tous. Alors nous serons tous, philosophes, savants et gens du cru, capables de prendre part à la discussion sur la raison de l'existence de l'Univers. Trouver la réponse à cette question serait l'ultime triomphe de la sagesse humaine car nous connaîtrions ainsi le dessein de Dieu ».

Pour Stephen Hawking, physicien théoricien anglais considéré comme l'un des plus grands cosmologues de notre époque et qui occupe la chaire de mathématiques de Newton à l'université de Cambridge, « l'évolution de l'Univers n'est certainement pas le fruit du hasard. Il existait infiniment peu de chances pour que se développe la structure cosmologique telle que nous la connaissons. Elle doit donc répondre à un but dont notre existence même fait partie. »

Carl Johan Calleman rend hommage à Barbara Hand Clow pour sa description de l'accélération du temps, partie intégrante du processus divin de création, et ses conséquences sur nos propres vies et sur l'univers entier.

« Ses écrits nous conduisent à considérer nombre de mystères non résolus, depuis les alignements de pierres néolithiques jusqu'aux communications intergalactiques, en passant par les neuf dimensions de conscience. Il paraît toujours plus difficile d'annoncer des phénomènes qui vont développer et embellir notre monde que de prédire des catastrophes susceptibles de le détruire. Nous devons cependant considérer comme plausible l'idée que des événements complètement imprévisibles puissent améliorer la vie sur Terre, et si Barbara Hand Clow a raison, peut-être aurons-nous quelque surprise. Le calendrier maya est de cette sorte. »

Barbara Hand Clow est loin des prédictions dramatiques répandues à travers le monde actuel : « Durant l'année 2012, tous les festivals saisonniers, tous les équinoxes, tous les solstices seront célébrés, et lorsqu'arrivera le bout du temps et que sera enfin complète l'activation de l'évolution pilotée par l'Arbre du monde, les peuples de la Terre auront tout oublié de l'histoire et du calendrier maya : ils seront en communion extatique avec la nature et le Créateur. »

Elle démontre que les cycles de notre évolution, retracés dans le Calendrier, correspondent à d'importantes périodes inscrites dans les banques de données de notre planète et de notre galaxie, la Voie lactée. Ces stades d'évolution s'accélèrent et culminent en 2012, durant la dernière période du calendrier maya, un cycle majeur qui a débuté en 1999 au moment de l'alignement avec le Centre galactique. Pour elle le temps n'est pas linéaire, le monde n'est pas plat et matérialiste ; il possède des niveaux multiples, imbriqués, profonds et connaissables.

Nous sommes à l'aube d'un bond critique de l'évolution, et les événements que nous devons traverser durant les quelques courtes années à venir mettent en évidence une contraction de la spirale du temps que nous vivrons comme l'ultime accélération.

Dans un article qu'elle a écrit pour *Watkin's Books* en juillet 2007, elle déclare que, grâce aux travaux de Carl Johan Calleman, nous pouvons maintenant nous rendre compte que chaque cycle d'évolution a été guidé depuis plus de 16,4 milliards d'années, et qu'il est maintenant possible de lire dans la conscience planétaire les processus créatifs de la Terre. Le calendrier maya expose véritablement comment tous les êtres humains sur Terre vont s'unir pour ne faire qu'un à mesure que la spirale du temps propulsera notre espèce, d'ici 2011, vers l'illumination.

Il est certain que Calleman s'est particulièrement intéressé à l'accélération de plus en plus rapide du temps. Son analyse du calendrier démontre qu'il est composé de neuf niveaux séquentiels de temps superposés les uns aux autres et, fait troublant, pour lui, ces séquences se terminent toutes en 2011 et non en 2012. Chacune évolue vingt fois plus vite que la précédente, ce qui provoque une accélération progressive du temps et de l'évolution.

Il signale – et Barbara Hand Clow reprend cette thèse – que nous avons « commencé à nous développer plus rapidement il y a 102 000 ans quand les hominidés ont évolué en humains ; puis plus vite encore lorsque nous avons commencé à développer nos civilisations vers 3115 av. J-C (en un cycle de 5 125 ans culminant en 2011) ; et toujours plus vite lorsque nous avons commencé à nous industrialiser en 1755 (en un cycle de 256 ans culminant également en 2011) ».

Enfin, en 1999, un nouveau cycle de 12,8 ans se serait ouvert et une autre accélération, de 260 jours seulement, arriverait à partir de février 2011.

Ces deux chercheurs estiment que l'accélération du temps conduirait l'évolution au cours de périodes de temps de plus en plus brèves et les neuf phases vont ainsi culminer en 2011. Ceux qui connaissent la façon dont ces cycles influencent la réalité seront capables de naviguer plus aisément dans cette réalité. À ce moment-là, notre planète devrait enregistrer de très violents séismes, terriblement dévastateurs.

Barbara Hand Clow explique : « Par exemple, le Moyen-Orient est en pleine effervescence religieuse parce que 5 125 années de thèmes politiques et religieux sont nées dans cette terre ancienne et sont en train de se rejouer de nos jours en une brève période de treize ans de 1999 à 2011. Les thèmes politiques et économiques de l'industrialisation se superposent en couches historiques, nous conduisant à nous demander si la plupart des gens seront des esclaves sans nom dans la Matrice tandis qu'un petit nombre de dominateurs feront fonctionner les programmes. Cinq millénaires de guerres et de conflits politiques résultent en ces événements contemporains que nous vivons. »

Il est évident que cette théorie de l'accélération du temps est fortement controversée. L'hypothèse de Calleman a provoqué nombre de polémiques sur le sens réel du calendrier maya et sur la date exacte de sa fin. Quoi qu'il en soit, que la date exacte de la fin du calendrier soit 2011 ou 2012, ce moment est très proche.

« Aujourd'hui, sur Terre, nous en sommes encore à vivre la bataille de la fin des temps – de l'Apocalypse –, mais les seuls gagnants seront ceux qui déposeront leurs armes. Une vraie gageure cosmique ! Bien sûr, la quarantaine de la Terre dure depuis des milliers d'années à cause du comportement humain et du développement du karma. Alors que nous allons bientôt être admis dans la vie pacifique de l'univers, nous devons soigner ces distorsions en réalisant que des êtres plus évolués ont patiemment agi sur nos cultures pour nous soigner et nous faire évoluer. Par exemple, le Christ fut envoyé sur Terre il y a à peine deux mille ans pour apporter la lumière dans la nuit tourbillonnante de trois mille ans d'histoire au Moyen-Orient. Son incarnation fut le premier pas d'une longue ascension vers l'amour et la paix… Mystérieusement, les anciens Mayas avaient vu que nous en arriverions là actuellement. »

Le calendrier aztèque, dérivé de celui des Mayas, avait aussi une version solaire, utilisée pour l'agriculture, la vie quotidienne et l'administration, et une version lunaire, religieuse et astrologique.

Les années administratives étaient divisées en douze mois de trente jours plus cinq jours supplémentaires, alors que le calendrier liturgique avait douze mois de vingt-huit à vingt-neuf jours.

Tous les cinquante-deux ans, la nouvelle année de chaque calendrier tombait le même jour, ce qui était l'occasion de grandes festivités. Les Aztèques comme les Mayas divisaient leur histoire en périodes de cinquante-deux ans. Pour eux, les bouleversements interviennent toujours chaque 13 000 ans, soit la moitié de 26 000 ans qui équivaut à une révolution du Soleil.

En résumé, pour les Aztèques comme pour les Mayas, après une période de transition estimée s'accomplir de 1987 à 2012, témoin de la destruction de l'environnement, d'un grand chaos social, de guerres, bouleversements planétaires et cataclysmes en série, le 21 décembre 2012 est la date de la Renaissance, de la conscience de la multidimensionnalité, provoquée par le réalignement de l'axe polaire avec le centre de notre galaxie. Cette Grande Transition nous mènera à une nouvelle Ère de Lumière et de Sagesse, « l'Âge Itza ».

En novembre 1952, dans la pyramide du « Temple des inscriptions » de Palenque, fut découverte une crypte funéraire contenant les restes de Pacal Votan qui régna pendant cinquante-deux ans sur Nah Chan, aujourd'hui appelée Palenque.

Pacal Votan était considéré comme le maître du temps et des cycles. N'oublions pas que nos pendules n'indiquent pas le Temps mais l'Espace, puisqu'on mesure le temps d'après la « distance » parcourue par la Terre en tournant quotidiennement sur elle-même. Notre notion du temps n'est donc qu'une notion d'espace.

Pacal Votan (631 à 683 après J-C) considérait, comme Pythagore plus de mille ans auparavant, que « Tout est nombre, Dieu est un nombre ». Il a laissé pour message que nous sommes tous en liaison constante avec la Galaxie. Son message insiste sur la fin du grand cycle galactique de 26 000 ans qui se termine le 21 décembre 2012 et nous est destiné.

Il savait que l'humanité oublierait son appartenance au Tout, ses liens avec la nature et l'Univers, et que la mission de son peuple était de lui léguer les outils qui faciliteraient son éveil. Chaque peuple a laissé un message pour des moments précis, celui des Mayas était destiné à notre époque pour nous aider à nous réveiller au moment venu, avant que l'irréparable ne s'accomplisse. La prophétie de la Convergence Harmonique de Pacal Votan, appelée également la prophétie des « Treize ciels et des Neuf enfers », serait déjà en cours de réalisation. L'âge du matérialisme serait pratiquement terminé, et nous allons retourner vers la nature d'une manière ou d'une autre.

Treize siècles plus tard, Geoffrey Chew, ancien élève d'Enrico Fermi et professeur de physique à l'université de Berkeley, élaborait la théorie du « *bootstrap* cosmique » – nom qui fait allusion aux connexions des lacets qui se croisent sur une bottine – et confirmait « scientifiquement » les croyances de ces peuples. Pour lui, l'Univers ressemble à un tissu dynamique d'événements en interconnexion. Les propriétés d'une partie de ce tissu découleraient des propriétés des autres parties et leur interaction déterminerait la structure du tissu entier. Nous ne pouvons plus décomposer le monde en unités autonomes fonctionnant séparément. En conséquence, nous sommes non seulement solidaires des autres hommes, mais aussi des animaux, des plantes, et de tous les constituants de l'Univers.

Ces connexions et la non-séparabilité de l'Univers des physiciens modernes rappellent aussi la « Sympathie de toutes choses » d'Hippocrate, tout comme « l'Unité qui relie chaque créature aux autres », proclamée sous la Renaissance par Pic de la Mirandole.

Il semblerait qu'à différentes époques certains êtres, sans doute plus évolués que d'autres, se sont rapprochés de ce concept, mais ils n'ont guère été suivis par la majorité de leurs contemporains. Espérons que d'ici 2012, éclairée par la physique quantique et peut-être sous la contrainte des événements, la pensée de l'humanité entière essaiera de sortir des limites de notre univers humain pour comprendre l'univers cosmique.

Gregg Braden et le point zéro

Gregg Braden est à la fois scientifique, visionnaire et érudit. Il sait faire appel à notre esprit tout en touchant nos cœurs.
Deepak CHOPRA
(Docteur en médecine)

GREGG BRADEN, qui fut concepteur de systèmes informatiques dans l'industrie aérospatiale, a publié un best-seller mondial, *L'Éveil au point zéro* [1], qui rejoint les prophéties des Mayas. Comme eux, Braden prédit que d'ici à la fin de l'année 2012, nous aurons atteint le « point zéro », c'est-à-dire le retournement des pôles magnétiques. Il estime, lui aussi, que des bouleversements interviennent tous les 13 000 ans, soit la moitié de 26 000, ce qui équivaut à une révolution complète du Soleil autour du Soleil central de notre galaxie. Pour lui, la plupart des techniques que nous connaissons cesseront bientôt d'être opérationnelles, excepté peut-être l'énergie libre, étudiée par Nicolas Tesla il y a plus de cent cinquante ans, mais occultée jusqu'à présent.

1. Éditions Ariane, 1999.

Les travaux de Braden s'appuient, en partie, sur des phénomènes d'ondes électromagnétiques appelés Résonances de Schumann. Ces ondes – quasi stationnaires et qui ne sont pas détectables à tout moment – existent dans une cavité comprise entre la surface de la Terre et l'ionosphère. Ces résonances ont été entrevues par le physicien Winfried Otto Schumann dès 1952, puis détectées par lui-même et Konig en 1954, et enfin représentées de manière spectrale par Balser et Wagner en 1960. En 1962, le Bureau américain de Radio-Propagation détecta et mesura cette « onde cérébrale planétaire », évaluée à environ 7,5 hertz (ou cycles par seconde). Ces ondes semblent reliées à l'activité électrique de l'atmosphère, particulièrement pendant des conditions d'intenses activités de foudre, et sont également liées aux cycles de taches solaires qui se reproduisent tous les onze ans.

D'après la théorie de Braden, la Terre élèverait actuellement et de manière spectaculaire sa fréquence de base qui correspondrait à son pouls et résulterait des impulsions électromagnétiques entre la Terre et l'ionosphère. Alors que ce pouls de la Terre augmente, la force de son champ magnétique décroît. Le professeur Bannerjee, attaché à l'université du Nouveau Mexique, a montré que le champ magnétique a perdu la moitié de son intensité depuis quatre mille ans. Selon lui, cette diminution serait un signe avant-coureur des renversements magnétiques polaires. Et les données géologiques actuelles confirment que l'intensité du champ magnétique terrestre ne représente plus que 38 % de ce qu'elle était il y a deux mille ans.

Une période de chaos pourrait bien être imminente au moment où les boussoles n'indiqueront plus le nord, où les animaux migrateurs iront dans la mauvaise direction et où les satellites seront brûlés par le rayonnement solaire.

Le *Sunday Times* du 12 janvier 2003 annonçait une prochaine inversion des pôles magnétiques. En effet, à leur grande surprise, des scientifiques ont constaté l'apparition de trous importants dans le champ magnétique terrestre, leur laissant penser que les pôles Nord et Sud se préparaient à s'inverser par un basculement magnétique. Ces trous se trouvent au-dessus de l'Atlantique Sud et de l'Arctique. Ces modifications ont été révélées après l'analyse de données détaillées issues du satellite danois Orsted. Les résultats ont été comparés à ceux qui provenaient de satellites lancés quelques années plus tôt.

Nils Olsen, du Centre danois pour la science planétaire – l'un des centres ayant analysé les données –, a déclaré que le noyau terrestre semblait subir actuellement d'énormes modifications. « Cela pourrait correspondre à l'état dans lequel la géodynamo de la Terre opère, avant de s'inverser. »

Si le champ magnétique terrestre persiste à décroître, le magnétisme terrestre sera nul en 2012. Il est à noter que les pôles ont déjà commencé à se déplacer et le champ électromagnétique de la Terre, dont l'intensité a fluctué dans un passé géologique récent, ne correspond plus qu'à une petite partie de ce qu'il a été. En effet, des compas ont enregistré d'importantes anomalies magnétiques, avec un écart de 15 à 20 degrés du nord magnétique. Nombre de chercheurs confirment que les pôles de la Terre devraient basculer dans un proche avenir, comme ils l'ont déjà fait durant la dernière période glaciaire.

Il y a environ 780 000 ans, le pôle Nord magnétique se serait déplacé pour prendre la place du pôle Sud magnétique. La question est de savoir si cet événement était exceptionnel ou si des inversions se produisent régulièrement.

Pour les géophysiciens, les pôles n'ont cessé de s'inverser tout au long des temps géologiques. Un historique détaillé de ces inversions de polarité a été établi pour les sept derniers millions d'années et a révélé que les inversions importantes se produisent approximativement tous les 500 000 ans.

Pour répondre à ces questions, les paléo-magnéticiens ont étudié en détail le passage entre deux périodes stables du champ, et l'étude de laves âgées de seize millions d'années indique que le pôle Nord magnétique aurait parcouru à cette époque plusieurs degrés par jour, chaque degré représentant cent onze kilomètres sur la Terre.

De nos jours, les coraux comportent 365 cercles de croissance annuelle alors que les parois des coraux fossiles datant de trois cent soixante millions d'années en contiennent 480. Nombre de géologues internationaux se sont basés sur le nombre de ces lignes pour en conclure que la Terre tournait alors beaucoup plus vite sur elle-même et que l'année durait quatre cent quatre-vingts jours. Ces jours étaient donc plus courts et, actuellement, la Terre ralentit sa rotation comme elle l'a déjà fait dans le passé.

La plupart des recherches menées au cours des dernières vingt années ont été dirigées par le Département de la Marine qui étudie la communication par des fréquences extrêmement basses avec les sous-marins. Considérée comme une constante, cette fréquence sert de base aux communications militaires globales. Bien qu'elle varie selon les régions géographiques, la moyenne constatée depuis des décennies était de 7,8 hertz, soit 7,8 cycles par seconde, mais des rapports récents, émanant particulièrement de chercheurs norvégiens et russes, signalent que le taux a augmenté jusqu'à plus de onze cycles par seconde et continue à monter, mais ils sont incapables d'en expliquer la raison.

Durant des millions d'années, la Terre a conservé sa fréquence de résonance fondamentale qui correspond, dans les ondes du cerveau, à un état de conscience de profonde relaxation. On peut l'interpréter comme si la Terre avait alors « dormi ». À présent, selon la suite de Fibonacci, elle semble se diriger vers une vibration fondamentale d'environ treize cycles par seconde, ce qui correspond à l'état de veille dans le fonctionnement du cerveau.

D'après Jean-Michel Schiff [2], cette fréquence correspond exactement avec la fréquence de la micromotion du cœur (système cœur-aorte), soit 6,8 à 7,5 hertz, et la fréquence inférieure des ondes cérébrales « alpha », soit 7,5 à 8 hertz, qui sont associées aux états de méditation.

La science reconnaît cette résonance comme un indicateur sensible des variations de température ainsi que des conditions climatiques mondiales, mais aux États-Unis, la seule référence officielle sur ce sujet se trouve dans la Bibliothèque de Seattle où elle est classée parmi les sujets météorologiques.

---

2. *L'Âge cosmique aux USA*, Éditions Albin Michel.

En résumé, les travaux de Gregg Braden nous rappellent que le temps semble s'accélérer à l'approche du « point zéro » et que les résonances de Schumann, qu'il considère comme le battement de cœur de notre Mère Terre et qui a été de 7,8 cycles par seconde pendant des milliers d'années, aurait augmenté depuis 1980. Elle serait de plus ou moins douze cycles en ce moment et s'arrêterait à treize cycles par seconde.

Pour Braden, le « point zéro » se produira bientôt. Il le situe, comme les Mayas, autour de 2012 et pense qu'alors le soleil se lèvera approximativement à l'ouest et se couchera à l'est, comme cela s'est déjà produit par le passé. De même, au fur et à mesure que nous approcherons du « point zéro », le temps devrait sembler de plus en plus accéléré, et une journée de vingt-quatre heures paraîtra ne durer que seize heures ou même moins. L'inversion du « point zéro » nous projettera probablement dans une dimension où tout ce à quoi nous pensons se manifestera instantanément, y compris l'Amour et la Peur. Le contrôle de nos intentions sera d'une extrême importance.

En ce qui concerne l'instantanéité de l'action et de nos pensées, les philosophies orientales enseignent que dans l'absolu il n'y a ni temps ni espace. Pour elles, l'idée d'écoulement du temps est illusoire. Louis de Broglie, prix Nobel de physique en 1929, les rejoint lorsqu'il énonce que tout ce qui constitue le passé, le présent et l'avenir existe dans l'espace-temps et nous apparaît comme des aspects successifs du monde matériel, alors qu'en réalité, ces événements existent antérieurement au moment où nous les découvrons. Il semblerait donc « normal » qu'en franchissant la quatrième dimension, nous puissions sauter ces barrières du temps et que nos désirs deviennent instantanés.

Selon Gregg Braden, notre corps physique se transformerait au fur et à mesure que nous nous approchons du « point zéro », ainsi que notre ADN qui aurait bientôt douze branches. Un nouveau corps de lumière serait en train de se créer. Braden voyage à travers la planète afin d'informer les populations que ces changements ne doivent pas être craints, bien que la plupart de nos technologies cesseront de fonctionner. Certaines exceptions faites, peut-être, des énergies basées sur le « point zéro » ou l'énergie gratuite. « Il est nécessaire de se préparer aux changements qui nous conduiront dans un nouvel âge de Lumière. Nous irons au-delà de l'argent et du temps et les concepts basés sur la peur seront complètement dissous », dit-il.

Les Résonances de Schumann semblent être en relation avec l'activité électrique de l'atmosphère, notamment pendant les moments d'intense activité orageuse. Elles surviennent à certaines fréquences entre six et cinquante cycles par seconde. Tant que les propriétés de la cavité électromagnétique de la Terre restent stables, ces fréquences le restent aussi. Elles sont un indicateur des variations de température et des conditions météorologiques mondiales aux yeux des scientifiques et, pour Braden, leurs fluctuations peuvent en partie expliquer les tempêtes, inondations et conditions climatiques de ces dernières années.

Le docteur Alexey N. Dmitriev, responsable scientifique de l'Institut de géologie, géophysique et minéralogie de l'Académie des sciences de Sibérie, a constaté qu'en comparant les années 1963 à 1993, le nombre total de catastrophes naturelles, ouragans, typhons, tsunamis, raz-de-marée, a augmenté de 410 %.

Gregg Braden partage la théorie de Barbara Hand Clow, et d'autres chercheurs, selon laquelle nous allons entrer dans un espace d'énergie de photons – particules élémentaires qui forment un quantum de champ électromagnétique et qui résultent d'une collision entre un anti-électron ou positron et un électron –, ce qui annihilerait tous nos champs magnétiques et électriques.

Il y a environ deux cents ans, l'astronome britannique Sir Edmund Halley a découvert que trois des étoiles qui se trouvent dans l'espace des Pléiades, localisées dans la constellation du Taureau, n'occupaient pas la position rapportée par les Grecs. La différence était telle qu'il s'avérait impossible que les Grecs ou Halley aient commis une erreur. Celui-ci en vint à la conclusion que les Pléiades se mouvaient suivant un système organisé, ce qui fut confirmé cent ans plus tard par l'astronome allemand Friedrich Wilhelm Bessel.

À son tour, l'astronome espagnol José Comas Sola supposa que les Pléiades, ainsi qu'un certain nombre d'autres étoiles, faisaient partie d'un système planétaire qui leur était propre. Il calcula que l'emplacement d'une gigantesque nébuleuse à proximité du système des Pléiades, à environ 400 années-lumière de la Terre, se trouvait très précisément situé sur la trajectoire de l'orbite présumée de notre système solaire autour d'Alcyone, c'est-à-dire autour de l'étoile principale des Pléiades. Selon les observations de José Comas Sola, notre système solaire met en effet environ 25 000 années à accomplir sa révolution autour d'Alcyone avant de revenir à son point de départ. Aussi, environ tous les 12 500 ans, il est obligé de retraverser cette nébuleuse, qui est constituée essentiellement de photons, c'est-à-dire de particules d'énergie lumineuse. La ceinture de photons est une gigantesque région de l'espace qui envoie des radiations électromagnétiques à travers le spectre visible sur un large secteur de notre galaxie.

Si les observations de José Comas Sola sur les Pléiades sont exactes, le Soleil est sur le point de franchir cette barrière électromagnétique une nouvelle fois. Au fur et à mesure que nous nous approchons de la ceinture, la planète Terre subit une augmentation d'activité sismique et volcanique, des tornades et des typhons extrêmement violents, ainsi que l'aggravation des trous d'ozone alors que le Soleil accroît son activité.

Le 15 février 2001, les scientifiques de la NASA ont annoncé que le Soleil avait subi des changements importants et que son champ magnétique s'était inversé. Le pôle Nord magnétique du Soleil, qui était dans l'hémisphère Nord quelques mois auparavant, pointait désormais en direction de l'hémisphère Sud. Les pôles magnétiques solaires vont rester ainsi jusqu'en 2012, où ils se renverseront encore une fois. Cette transition se produit tous les onze ans, comme une horloge, alors que les cycles des taches solaires sont à leur sommet. Bien que les champs magnétiques terrestre et solaire soient différents, tous deux possèdent de grandes boucles fermées près de l'équateur et des lignes de champ ouvertes près des pôles. Les scientifiques appellent ce genre de champ un « dipôle ». Le champ dipolaire du Soleil est aussi fort qu'un aimant, alors que le champ magnétique de la Terre est cent fois plus faible. Les taches solaires, sources d'intenses nœuds magnétiques, partent en spirale à l'extérieur alors que le champ dipôle disparaît. L'héliosphère ne disparaît pas totalement quand les pôles s'inversent, car plusieurs structures magnétiques complexes remplissent alors le vide.

Depuis 1990, un vaisseau spatial, *Ulysses*, issu d'une coopération entre l'ESA (European Space Agency) et la NASA, a été lancé pour observer les pôles et le système solaire à partir d'une haute latitude située au-dessus des orbites planétaires.

Pour certains spécialistes de la NASA, comme l'astrophysicien David H. Hathaway, le cycle solaire qui devrait culminer en 2010 ou 2011 « semble parti pour être un des cycles les plus intenses depuis que ceux-ci sont observés, c'est-à-dire bientôt quatre cents ans ».

Si les taches ont peu d'influence sur les émissions du Soleil, l'activité magnétique qui les accompagne peut au contraire produire des modifications importantes des niveaux des rayonnements ultraviolets et rayons X peu pénétrants. Ces changements, qui s'intensifient à mesure que le cycle solaire approche de son paroxysme, produisent des effets très importants dans la haute atmosphère terrestre.

Les prévisions de David H. Hathaway et de son confrère Robert Wilson se fondent sur les mentions d'orages géomagnétiques faites à travers l'Histoire. Selon leurs analyses, le prochain cycle solaire devrait culminer vers 2010 et être l'un des plus violents des cinquante dernières années et même des temps historiques. Les astronomes ont compté les taches solaires depuis Galilée, surveillant les hauts et les bas de l'activité solaire le long de leur cycle de onze ans, et ont présenté leur conclusion au congrès de l'Union Géophysique Américaine qui s'est tenu à San Francisco en 2007.

Mausumi Dikpati, une astronome du Ncar (National Center for Atmospheric Research), pense également que « le prochain cycle solaire sera de 30 à 50 % plus fort que le précédent », mais pour elle, il faudra attendre 2012. De toute manière, à un ou deux ans près, une grande tempête solaire se prépare.

Une étude effectuée par le docteur Mike Lockwood des Laboratoires Nationaux de Rutherford Appleton, dans l'Oxfordshire, signale que la force du champ magnétique du Soleil s'est accrue de 230 % depuis 1901.

Pour sa part, le docteur Alexey N. Dmitriev, déjà cité, a signalé que l'héliosphère du Soleil avait habituellement une épaisseur de dix unités astronomiques, soit approximativement 150 millions de km, et qu'aujourd'hui cette énergie rayonnante a une épaisseur de cent unités astronomiques, ce qui représente une augmentation de 1 000 % [3].

Les scientifiques russes sont allés très loin dans leur interprétation. Pour eux, cette modification du Soleil peut transformer le fonctionnement des planètes et la forme de vie qu'elles hébergent. Ils pensent également que l'expansion de l'héliosphère changera notre niveau d'énergie, avec une expansion soudaine des longueurs d'ondes harmoniques de base que le Soleil diffuse à mesure qu'il émet de l'énergie, et que cette augmentation d'émissions énergétiques changera la nature basique de toute matière dans le

---

3. *Planetophysical State of the Earth and Life*, docteur Alexey N. Dmitriev, IICA Transactions, Vol. 4, 1997, traduit du russe en anglais par A. N. Dmitriev, Andrew Tetenov et Earl L. Crockett.

système solaire. La spirale d'ADN elle-même devrait changer. Tout cela nous ramène aux affirmations de Gregg Braden et aux conséquences du « point zéro ».

Ainsi, nous sommes entrés dans la sphère d'influence de ces photons en 1962 et c'est approximativement en 2011 que nous pénétrerons sa ceinture. Cette date correspond avec le moment où l'expansion de l'univers atteint son maximum, ce que les religions orientales appellent la respiration de Brahmâ. La paroi de cette ceinture serait composée d'une « Zone Nulle » qui correspondrait au fameux « point zéro », c'est-à-dire un seuil où les particules de matière et d'antimatière s'annulent et libèrent un immense flux de photons. Pour la traverser, notre système solaire mettra environ cinq à six jours et il est évident que si nous entrons dans un espace où le champ magnétique est nul, tout ce qui fonctionne à l'aide du champ magnétique cessera de fonctionner. Nous n'aurons plus d'électricité ni de communications téléphoniques. Cela pourrait correspondre aux trois jours d'obscurité dont parlent de nombreuses prophéties, suivis ensuite par une période de lumière extrême, dont *La Bible* nous dit qu'elle nous apportera l'immortalité en l'espace d'un clin d'œil. Quant aux cultures et religions indigènes, elles annoncent que ces jours d'obscurité marqueront la « fin des temps », ce qui ne représente que la fin d'un cycle qu'il ne faut pas craindre.

Les champs gravitationnels et les champs d'énergie photonique qui sont reliés aux champs magnétiques de notre système solaire seraient aussi modifiés, ainsi que l'état de notre conscience qui nous forcerait alors à voir notre Univers de façon différente.

D'après nombre de chercheurs, dans ce champ d'énergie, nous constaterons l'apparition d'une distorsion de l'espace-temps et lorsque nous aurons pénétré ces courants de photons, nous serons capables d'utiliser des rayons photoniques comme énergie de propulsion pour voyager dans l'espace. Ce temps correspondra à l'Âge d'Or mentionné dans *La Bible* et les autres Écritures sacrées.

En outre, l'humanité devrait alors bénéficier de l'énergie photonique, source illimitée d'énergie immédiatement disponible, avec un coût quasiment nul. L'utilisation de cette énergie coïnciderait avec l'avènement de l'Ère Nouvelle et le monde pourrait alors abandonner sans regret le pétrole et les énergies qui ont si gravement pollué la planète au cours des deux derniers siècles.

L'immersion de la Terre dans la bande photonique devrait accélérer le processus de l'Ascension de l'humanité, c'est-à-dire notre éveil à la conscience multidimensionnelle, les humains bénéficiant alors de nouveaux pouvoirs comme la télépathie et la télékinésie.

Si la Terre entre dans cette zone, toutes les molécules sembleront s'éveiller et tout deviendra luminescent. La lumière sera constante. Et comme la radiation solaire sera réduite, la température devrait baisser et les calottes polaires descendre jusqu'aux latitudes 40 dans les deux hémisphères.

Apparemment, la première chose que nous remarquerons sera le changement dans la structure cellulaire du corps que nous habitons. Cette modification de notre corps sera ressentie comme un choc électrique qui durera environ un dixième de seconde. Peu de gens en seront incommodés car l'effet se manifestera dans l'organisme avant que le système nerveux n'ait été capable de réagir. L'effet annexe serait la modification de nos états de conscience en rapport avec la distorsion du temps et de l'espace, ce qui nous propulserait automatiquement dans une dimension plus élevée.

D'après les auteurs de ce concept, cette condition devrait nous permettre d'évoluer très rapidement, mais pour ceux dont la tâche sera trop lourde, la maladie, la dépression et la mort pourraient s'ensuivre. La plupart des gens sentiront bientôt intérieurement le besoin de se transformer, mais ceux qui s'accrocheront à la réalité physique s'enliseront dans leurs obsessions, leurs troubles émotionnels et leur négativité. Il se peut qu'une grande partie de l'humanité choisisse ainsi elle-même de disparaître, alors que la possibilité de participer à l'Ascension nous est aujourd'hui encore offerte à tous.

Si l'on en croit John White, auteur de *Pole Shift* (ouvrage non traduit en français), le glissement des axes de la Terre n'est pas inéluctable. Il affirme : « Les prédictions et les prophéties indiquent que la conscience humaine sera le facteur essentiel. » C'est notre conscience qui peut éveiller l'humanité et éviter le pire, c'est un ensemble de « nous » qui peut préserver la stabilité de la Terre, car c'est l'unité de ces « nous » qui constitue la conscience humaine.

Pour la biologiste Jacqueline Bousquet [4], qui rejoint ainsi les affirmations de Braden, « la diminution drastique du champ magnétique et la disparition progressive des champs responsables de nos vieux schémas de pensée, avec la

---

4. Docteur ès sciences, chercheur honoraire au CNRS.

destruction de leurs supports moléculaires qui servent d'antennes, sont les conséquences de toutes les dérives actuelles. Il résulte de ce fait l'augmentation des vibrations de la planète que l'on peut considérer comme une œuvre au noir. Or, nous vivons à la surface de la Terre qui est notre Mère et sommes donc codés sur ces fréquences. Aujourd'hui, la diminution du champ magnétique et l'augmentation du taux vibratoire de la Terre nous permettent d'accéder à la Connaissance en suivant le métabolisme cosmique fait de catabolisme et d'anabolisme. C'est ainsi que la Tradition nous dit : « Au Commencement, il y eut un soir et il y eut un matin », ce qui nous indique que toute nouvelle vie, toute restructuration, commence par un « chaos », et il faut mourir à soi-même pour renaître, autrement dit renoncer à nos certitudes pour accepter le changement ».

À ses yeux, ces changements vont obliger notre cœur à s'adapter, lui aussi, à de nouvelles fréquences, ce qui explique les pathologies telles les arythmies ou extrasystoles, en augmentation actuellement. Elles seraient simplement des tentatives de l'organisme pour s'adapter à la nouvelle fréquence selon la série de Fibonacci qui régit le vivant, d'où le danger des OGM et autres manipulations génétiques qui rompent cette harmonie sur laquelle est aussi codé le règne végétal.

Notre nouveau taux vibratoire devrait engendrer de nouvelles molécules qualifiées pour capter de nouvelles informations qui nous permettront d'élever notre niveau de conscience, de recouvrer une liberté de penser ainsi qu'une notion globale de responsabilité envers la Terre et tous ses habitants. « Cette perspective doit nous rendre notre dignité et notre joie puisque n'exploitant plus, nous ne serons plus exploités. Nous aurons enfin compris que l'avenir nous appartient et qu'il sera ce que nous avons décidé d'en faire.

« Comment nous préparer à cette énorme marée de changement ? Une démarche spirituelle et positive suffit-elle ? Apprendre à maîtriser notre esprit et nos pensées suffit-il ? Comment se préparer à des phénomènes que nous n'avons jamais connus ou rencontrés, tout au moins dans cette vie-ci ? À notre insu, notre corps et notre psychisme s'y préparent car ces fameuses informations entrent en nous également, mais comment agir de façon consciente ? Il résulte de ces nouvelles fréquences un changement correspondant d'acides aminés, donc d'ADN. Ces nouvelles antennes nous donnent la possibilité de recevoir des informations que nous étions, jusqu'alors, incapables de capter. Elles commandent la modification de conscience annoncée, à condition de s'ouvrir à ce changement. »

Il lui semble évident que l'utilisation outrancière des énergies fossiles, comme le pétrole, ainsi que la cassure des atomes dans les centrales atomiques accélèrent la libération des informations codées dans ces formes, et diminue ainsi le champ magnétique qui se comporte en fait comme de la glu. Tout cela est encore modifié par les « informations » air, eau, environnement, sans oublier l'immense rôle de l'alimentation. Elle sait que nombreux sont ceux qui s'attendent à une inversion du temps en 2012, sans bien comprendre ce que cela signifie.

Dans les années 1980, Étienne Guillé et son équipe de la faculté de Paris-Orsay avaient déjà mis en évidence que les énergies cosmiques avaient changé de fréquence, obligeant l'homme à monter son niveau de conscience.

Jacqueline Bousquet poursuit : « Cette accélération du temps rend compte du fait que des personnes de soixante-dix ans paraissent plus jeunes que jadis. En fait, nous n'avons plus les mêmes références. La réalité essentielle est un ensemble de champs soumis aux règles de la relativité restreinte et de la mécanique quantique, tout le reste n'est qu'une conséquence de la dynamique de ces champs.

« Les trous noirs sont des formes qui se sont effondrées sur elles-mêmes, après avoir délivré toutes leurs informations sous la forme d'un énorme champ magnétique dont la science nous dit qu'il contient des photons et des neutrinos. Jean Charron nous démontre qu'à la limite de ce champ se trouve la première particule, et cette dernière est associée à une onde nommée "psi" qui, nous dit-on, renseigne la particule sur son environnement énergétique, donc informatif. Cette propriété est à la base de l'hologramme. »

En 1944, Max Planck, père de la physique quantique, a révolutionné le monde scientifique en affirmant qu'il existe un lieu de pure énergie, une « matrice », qui est le lieu d'origine de tout ce qui existe, aussi bien les étoiles que l'ADN. De récentes découvertes confirment que la matrice évoquée par Planck, « la Divine Matrice », existe réellement et serait le contenant de l'univers, le pont entre notre imagination et notre réalité, et le miroir, dans notre monde, de ce que nous créons par nos croyances.

La plupart des plus fameux physiciens sont persuadés que nos quatre dimensions conventionnelles sont trop réduites pour pouvoir décrire notre Univers. Si nous ajoutons une cinquième dimension, les équations régissant la lumière et la gravitation s'assemblent comme deux morceaux d'un puzzle, alors que leurs lois sont incompatibles dans nos théories à quatre dimensions, et certains de ces physiciens pensent qu'il peut exister une quantité infinie de dimensions.

En 1974, John A. Wheeler [5], spécialiste des « trous noirs », et l'un des derniers collaborateurs d'Einstein, déclarait : « La prochaine étape que devra franchir la physique sera de montrer l'influence de la conscience sur les lois de la nature. » Il supposait que la scène où se meut l'espace dans l'Univers n'est assurément pas l'espace lui-même. « Personne ne peut être sa propre scène. Il faut une scène plus vaste où se déplacer. Celle où l'espace accomplit ses changements n'est même pas l'espace-temps d'Einstein [...]. Là, il y a non pas trois ou quatre dimensions, mais un nombre infini. »

John Schwartz, physicien de l'université de Berkeley, a proposé une « Théorie des cordes » qui impliquait onze dimensions et certains de ses collègues pensent qu'il peut en exister une quantité infinie. Quant au physicien pakistanais Abdus Salam, disparu en 1996, prix Nobel de physique en 1979, il a élaboré la théorie de la « Supergravité », qu'il a appelée théorie d'Unification.

Il est évident que ces théories et ces dimensions sont inobservables, mais cela n'empêche en rien de les étudier. La dimension de l'espace-temps, à présent admise par toute la communauté scientifique est, elle aussi, inobservable,

5. Physicien théoricien américain, professeur à Princeton, qui fut le premier à mettre au point le modèle de fission nucléaire, en collaboration avec Niels Bohr en 1939, ce qui leur valut la Médaille Franklin en 1969.

c'est pourquoi on l'appelle « l'Imaginaire ». Aussi, comment peut-on encore oser affirmer que la science ne peut se référer qu'à l'observable ?

Une partie notoire de la communauté scientifique est en train de se dépasser avec d'incroyables théories révolutionnaires sur de nouvelles possibilités spatio-temporelles, des champs auto-organisateurs, et la prise en compte de la variable cachée manquant dans l'organisation de la matière.

La découverte la plus révolutionnaire de la physique moderne est le fait que lorsque nous observons notre monde, constitué de minuscules particules quantiques telles qu'un électron, le fait de l'observer change son comportement en notre présence. En 1998, des physiciens de l'Institut des Sciences Weizmann, en Israël, ont démontré que plus nous considérons un phénomène, plus il change [6]. Ce qui a fait dire à John Wheeler que non seulement nous jouons un rôle dans la création de notre monde quotidien, mais que nous jouons le premier rôle dans ce qu'il appelle l'univers de participation. Si nous sommes vivants et conscients, nous affectons obligatoirement le monde qui nous entoure.

À son tour, Gregg Braden, qui pense également que notre propre conscience est responsable de l'existence de l'univers, nous montre que nous sommes limités uniquement par nos croyances et que celles-ci sont sur le point de changer.

Nombreux sont les scientifiques persuadés qu'il existe une relation harmonique entre la Terre et l'homme. Le champ isoélectrique de basse fréquence de la Terre, le champ

---

6. *Nature*, 26 février 1998.

magnétique terrestre et le champ électrostatique émanant de nos corps sont étroitement imbriqués et interagissent.

Le physicien finlandais Matti Pitkanen, auteur de *Topological Geometrodynamics* [7], pense que la vie consciente est influencée, non seulement par le champ magnétique terrestre, mais aussi par les champs magnétiques interplanétaires et interstellaires. Il suggère que, d'une certaine manière, le système corps-esprit fonctionne comme un bio-ordinateur quantique, dirigeant les mécanismes de verrouillage moléculaire. Il lui semble évident qu'en état de méditation profonde, lorsque les ondes des rythmes alpha et thêta parcourent le cerveau entier, il devient possible que l'être humain et la planète entrent en résonance.

Les études anthropologiques montrent que tout au long de l'histoire de l'humanité, les habitants de la Terre se sont intuitivement synchronisés avec la résonance de leur planète. On retrouve dans toutes les cultures des traces de pratiques rituelles destinées à entrer en résonance avec le champ planétaire.

Les ondes de Schuman pourraient participer à la régulation de notre horloge interne, agissant sur le sommeil et les rêves, les états d'éveil et les sécrétions hormonales. Les rythmes et pulsations du cerveau humain refléteraient les propriétés de résonance de la cavité terrestre qui fonctionnerait comme un régulateur d'ondes.

David Bohm, l'un des plus éminents physiciens théoriciens de notre temps et qui fut le protégé d'Einstein, pensait que les particules subatomiques sont capables de rester en

7. Luniver Press (2006).

contact avec d'autres malgré la distance qui pouvait les séparer parce qu'à un niveau plus profond de réalité, de telles particules ne sont pas des entités individuelles mais sont des extensions de la même base. Cette connexité de base, en accord avec les anciennes traditions et philosophies, prouverait mathématiquement que tous les aspects de l'univers sont énergétiquement reliés.

Karl Pribram, qui fut professeur émérite de psychologie et psychiatrie à l'université de Stanford, partageait les théories de David Bohm pour lequel l'Univers et la conscience auraient une structure holographique. Extrapolant ces théories, Richard Alan Miller, Iona Miller et Burt Webb, ont édifié le « Paradigme holographique » dans lequel des champs électromagnétiques complexes déterminent l'organisation de tous les systèmes biologiques.

Ils considèrent que nous sommes plutôt des êtres électromagnétiques que chimiques. Aussi, les fréquences ELF des Résonances de Schumann seraient intimement liées à celles des ondes cérébrales humaines et les perturbations des champs qui les environnent pourraient induire des changements dans les organismes [8].

Il est bien connu qu'il existe un rapport étroit entre les désordres du comportement humain et les périodes de perturbations solaires et magnétiques. Réciproquement, des études ont montré que des sujets qui vivent assez longtemps isolés des rythmes électromagnétiques développent des rythmes physiologiques irréguliers qui sont

---

8. Miller, Miller and Webb (2002), "Quantum Bioholography : A Review of the Field from 1973 to 2002", *JNLRMI, Journal of Non-Locality and Remote Mental Interactions* vol, 1, n° 3, octobre 2002.

immédiatement rétablis par l'intervention d'un faible champ électrique de 10 Hz. Les premiers astronautes en furent victimes.

Michael Persinger, professeur de neurosciences à l'université Laurentienne de Sudbury au Canada, estime qu'il existe un équilibre entre l'activité profonde du lobe temporal et la condition géomagnétique globale. Lorsqu'il y a une brusque diminution de l'activité géomagnétique, il semble se produire une majoration des processus qui facilitent la perception psi, particulièrement la télépathie et la clairvoyance. Et pour Stanley Krippner, professeur de psychologie au Centre de Recherche de San Fransisco, « en l'absence de cette activité géomagnétique, l'éveil au stimulus psi serait moins probable et les "capacités de réserves latentes" du cerveau ne seraient pas utilisées ».

Tous ces travaux confirment la théorie du « point zéro » de Gregg Braden.

La Planète X

*Nous oublions souvent qu'au-delà de nos titres
et de nos positions hiérarchiques, au-delà même
de notre savoir et de notre pouvoir, nous sommes
des hommes embarqués ensemble dans
une même aventure et sur le même bateau.*
Professeur Alexandre MINKOWSKI,
Un Juif pas très catholique (1980).

EN 1978, deux astronomes de l'observatoire de la Marine des États-Unis à Washington, Richard Harrington et Thomas van Flandern, annoncèrent que les orbites des deux planètes géantes Neptune et Uranus avaient subi dans leur parcours des perturbations venant de l'attraction gravitationnelle d'un mystérieux corps céleste non identifié et découvert dans la direction de la constellation d'Orion. Selon ces deux astronomes, ce corps céleste, qui serait quatre fois plus gros que la Terre, aurait été attiré par le Soleil dans une orbite excentrique, très inclinée sur l'écliptique.

En 1982, la NASA a reconnu l'existence de ces forces gravitationnelles qui provoquent des irrégularités dans leur parcours orbital. L'année suivante, le satellite infrarouge

Iras (Infrared Astronomical Satellite) repéra dans l'espace lointain « un corps céleste, peut-être aussi gros que la planète Jupiter et peut-être orienté vers la Terre au point de faire partie du système solaire ». Les chercheurs de la NASA le baptisèrent « Planète X ».

Ce corps mystérieux a été aperçu à deux reprises par Iras alors qu'il balayait le nord du ciel, quand le satellite a épuisé l'hélium réfrigéré qui a permis à son télescope de voir les corps les plus froids dans le ciel. La deuxième observation a eu lieu six mois après la première et a suggéré que, pendant ce temps, le corps mystérieux ne s'était pas déplacé de son point dans le ciel près de la constellation d'Orion.

« S'il est vraiment si proche, il devrait faire partie de notre système solaire », a dit James Houck, du Centre pour la recherche spatiale de l'université de Cornell, qui écarte l'hypothèse d'une comète car « une comète ne serait pas aussi grande que ce que nous avons observé et elle se serait probablement déplacée ».

James Houck et Gerry Neugebauer, ancien directeur de l'observatoire du Mont Palomar, « espèrent » que l'objet mystérieux est une galaxie éloignée et qu'elle est soit tellement jeune que ses étoiles n'ont pas commencé à briller, soit tellement entourée de poussières que sa lumière stellaire ne peut filtrer son voile. « Je pense que c'est l'une de ces galaxies sombres et jeunes que nous n'avons jamais pu observer avant », a précisé Neugebauer. Toutefois cela pourrait également être une planète semblable à Jupiter, mais qui n'est jamais devenue assez chaude pour se transformer en un nouveau Soleil. Cependant, la thèse de la planète est la plus acceptée.

Dès lors, la plupart des revues d'astronomie mentionnèrent cette mystérieuse planète jamais encore détectée par les télescopes optiques et, le 10 septembre 1984, l'*US News World Report* publia un article qui signalait que les scientifiques espéraient que les expéditions de Pioneer 10 et 11 fourniraient la position exacte de l'objet qu'ils pensaient être une « proto-étoile qui n'était pas assez chaude pour devenir une étoile ». D'autres astronomes prétendaient qu'il s'agissait d'une énorme masse gazeuse qui évoluait lentement pour devenir une planète.

Au cours des années suivantes, les recherches précisèrent que la Planète X devait avoir une orbite inclinée de 30 degrés sur l'écliptique – ce qui la conduirait à mettre plusieurs milliers d'années pour accomplir une orbite complète –, qu'elle devait se trouver trois fois plus loin du Soleil que Pluton et avoir trois à quatre fois la masse de la Terre. Située à une distance trente mille fois supérieure à celle qui sépare la Terre du Soleil, elle ne serait pas née au moment de la création du système solaire, mais cette « intruse » aurait été « captée » plus tard par le Soleil. Elle tournerait en sens inverse des autres planètes avec une inclinaison très différente de celle du système solaire. En outre, cette mystérieuse planète aurait précédemment éjecté Pluton et Charon de leurs anciennes positions comme satellites de Neptune.

Les astronomes ne sont toujours pas parvenus à déterminer s'il s'agit d'une planète, d'une comète géante, d'une « proto-étoile » voisine qui n'a jamais été assez chaude pour devenir une étoile, d'une galaxie éloignée si jeune qu'elle est toujours en train de former ses premières étoiles ou d'une galaxie tellement entourée de poussières qu'aucune lumière de ses étoiles ne peut en sortir. « Nous savons qu'elle est là, qu'elle se rapproche de nous, mais nous ne savons pas ce qu'elle est », a récemment reconnu Gerry Neugebauer.

La majorité des astronomes pense tout de même qu'il s'agit d'une planète gazeuse géante aussi grande que Jupiter et peut-être dix fois plus massive, et que sa température ne dépasse pas les 40 degrés au-dessus du zéro « absolu » [1]. Elle est tellement froide qu'elle n'émet aucune lumière et n'a été jamais vue par les télescopes optiques sur Terre ou dans l'espace.

En 1984, la « Théorie Némésis » fut publiée dans *Nature* [2] par M. Davis, P. Hut, et R. A. Muller. Ils expliquaient l'extinction régulière de certaines espèces, comme les dinosaures, par une étoile ou planète « tueuse » qui reviendrait périodiquement, soit environ tous les vingt-six millions d'années, accompagnée d'un essaim de météores et de petites comètes, et qui sèmerait la destruction à l'intérieur de notre système solaire.

Les travaux de Daniel P. Whitmire et Albert A. Jackson, également publiés dans *Nature,* ont confirmé cette théorie qui correspondait aussi à la thèse de David Raup et Jack Sepkoski, deux paléontologues qui ont identifié douze extinctions au cours de deux cent cinquante millions d'années. Ces paléontologues ont publié, à la même époque, leurs travaux sur la disparition de certaines espèces de vertébrés, invertébrés et protozoaires et, bien qu'ils

1. Le zéro « absolu » vaut par convention -273,15 °C.
2. (308 : 715-717).

n'aient pu déterminer la cause de cette périodicité, ils ont suggéré une corrélation non terrestre[3].

Pendant plusieurs années, les médias restèrent silencieux au sujet de la Planète X, puis, le 13 juillet 1987, *Newsweek* citait John Anderson, de la NASA, qui venait d'annoncer qu'une dixième planète pouvait, ou non, être en orbite autour du Soleil, mais loin des neuf autres. Le journal concluait que cette découverte répondait à deux questions majeures : les irrégularités des orbites de Neptune et Uranus au cours du XIXe siècle, et pourquoi les dinosaures avaient disparu, il y a soixante-cinq millions d'années. Et, en octobre 1988, *The Astronomical Journal* abondait en détail sur le sujet. Le journaliste R. Harrington suggérait que la mystérieuse planète était trois ou quatre fois plus grosse que la Terre et qu'elle se trouvait trois fois plus loin que Pluton du Soleil. Le modèle mathématique confirmait également que l'orbite de la Planète X avait bel et bien une inclinaison de 30 degrés sur l'écliptique.

Pour sa part, en 2003, l'astrophysicien Alessandro Morbidelli, de l'observatoire de Nice Côte d'Azur, a déclaré au journal *Science & Vie* : « La ceinture de Kuiper semble s'arrêter brusquement à 50 unités astronomiques, comme si elle était tronquée. Si une planète de la taille de Mars s'était formée dans cette région au début du système solaire, elle aurait pu "nettoyer", à mesure qu'elle grossissait, l'extérieur de la ceinture de Kuiper. Puis, perturbée par son interaction avec Neptune, cette planète aurait pu être expulsée sur une orbite très allongée, dont la période

---

3. *Proc. Natl. Acad. Sci. USA.* 81 (3) : 801-805.

pourrait se compter en milliers d'années. Je m'attends à ce qu'un jour, nous découvrions une telle planète.[4] »

Deux ans plus tard, Alessandro Morbidelli et trois de ses collègues, Rodney Gomes du Brésil, Harold Levison des États-Unis et Kleomenis Tsiganis de Grèce, ont publié leurs travaux dans *Nature* du 26 mai 2005. Ils ont avancé l'hypothèse que les quatre planètes géantes Jupiter, Saturne, Uranus et Neptune étaient à l'origine beaucoup plus proches du Soleil qu'aujourd'hui : la plus lointaine n'excédant pas 20 UA (Unités astronomiques), soit 20 fois la distance Terre-Soleil, alors que Neptune se situe actuellement à 30 UA.

Leur simulation, qui a nécessité des mois de calculs et de lourds moyens informatiques, montre bien qu'au début du système solaire certains planétésimaux, sorte d'énormes blocs de pierre de quelques kilomètres de diamètre, ont été lentement éjectés de leur disque sous l'effet des perturbations gravitationnelles exercées par les planètes. À partir d'un nuage de gaz qui forme une étoile au centre, du gaz et des poussières s'accumulent autour de l'étoile, puis se condensent en petits grains qui s'agglomèrent à leur tour pour former des cailloux, enfin les cailloux s'assemblent pour former des planétésimaux dont certains se rejoignent pour donner naissance aux planètes. Les plus grosses de ces planètes peuvent être assez massives pour attirer une grande quantité de gaz du nuage primitif ; elles deviennent alors des planètes géantes gazeuses, tandis que les plus petites planètes restent essentiellement composées de roche comme la Terre.

4. Février 2003, pp. 86-87.

Kleomenis Tsiganis, l'un des quatre artisans de ces travaux, explique : « Comme Isaac Newton nous l'a appris, chaque action provoque une réaction égale et opposée. Si une planète éjecte un planétésimal en dehors du système solaire, en compensation celle-ci se déplace légèrement vers le Soleil. Si à l'inverse la planète envoie le planétésimal vers l'intérieur, alors elle va s'éloigner légèrement du Soleil. » C'est ainsi que Jupiter s'est lentement rapproché du Soleil, tandis que les autres géantes s'en sont éloignées.

Les chercheurs ont été longs à comprendre pourquoi les astéroïdes que l'on nomme les « Troyens » et qui sont placés sur l'orbite de Jupiter à 60 degrés de part et d'autre de la planète n'ont pas été éjectés eux aussi. Les simulations ont confirmé que si des astéroïdes ont bien été éjectés hors de leur ceinture, d'autres ont été capturés sur l'orbite. Ce modèle, qui semble confirmer l'existence de la Planète X, doit maintenant être validé par des observations, et Alessandro Morbidelli et ses collègues travaillent à son amélioration.

De leur côté, le docteur Patryk Sofia Lykawka et le professeur Mukai Tadashi, de l'université de Kobé, ont conduit une étude théorique sur l'origine et l'évolution dynamique des « objets » trans-neptuniens (tno) et les résultats suggèrent fortement la présence d'une planète inconnue et importante dans le système solaire, au-delà de Neptune. Avec les nouveaux instruments de recherche, ils espèrent prouver son existence d'ici quelques années. Pour ces chercheurs, cette planète se trouverait au moins à 80 UA, avec une inclinaison orbitale de 20 à 40 degrés, et prendrait de 1 000 à 2 300 ans pour compléter son orbite autour du Soleil. Sa masse serait d'environ 0,3 à 0,7 fois celle de la Terre et son diamètre de 10 000 à 16 000 km, soit à peu près celui de notre planète. En résumé, avec les caractéristiques physiques et orbitales qu'elle semble posséder, la Planète X pourrait être considérée comme une nouvelle planète du système solaire [5].

Dans l'Antiquité, on connaissait seulement cinq planètes de notre système solaire : Mercure, Vénus, Mars, Jupiter et Saturne. Avec le Soleil et la Lune, elles ont donné leur nom aux jours de la semaine. Depuis le XVIe siècle, trois planètes supplémentaires ont été découvertes dans le système solaire connu et le nombre de planètes fut ainsi porté à neuf après la découverte de Pluton en 1930. Cependant, Pluton a été rétrogradé au statut de planète naine en août 2006 par l'Union Astronomique Internationale. Officiellement, nous n'avons plus que huit planètes.

D'après certains textes sumériens exhumés sur divers sites de l'ancienne Mésopotamie, qui figurent sur des tablettes de caractères cunéiformes et datent de 3 300 ans avant J-C, la Terre aurait été heurtée dans le passé par une grande planète entrée dans son orbite, ce que l'*Ancien Testament* a confirmé. Les Sumériens ont surnommé cette planète Nibiru. Pour eux, elle revenait tous les 3 600 ans et était la pierre angulaire de notre système solaire.

Suivant les pays et les époques, la Planète mythique X, s'il s'agit bien d'elle, a porté différents noms. Ainsi, Nibiru, qui était pour les Sumériens la planète du dépassement ou du croisement, fut appelée Marduk – c'est-à-

5. *The Astronomical Journal*, avril 2008.

dire « grand Astre du Ciel » ou « Roi des Cieux » – par les Mésopotamiens et les Babyloniens, Némésis par les Grecs, Hercobulus par les Incas. Les Égyptiens et les anciens Hébreux la représentaient sous la forme d'un disque ailé à cause de son immense orbite elliptique en forme d'ailes déployées. Certains prophètes l'ont désignée sous différents noms comme l'Étoile Rouge, la Croix de la Destinée ou la Comète de la Fatalité.

La plupart des peuples anciens considéraient l'approche périodique de cette planète comme le signe de grands bouleversements et d'une nouvelle ère. Les textes mésopotamiens parlaient de l'apparition périodique de la planète comme d'un événement anticipé, prévisible et observable. Par la voix d'Isaïe (13-5 et 13-13) l'*Ancien Testament* nous annonce : « Ils viennent d'un pays lointain, des extrémités du ciel, Yahvé et les instruments de sa colère, pour ravager tout le pays » et « C'est pourquoi je ferai frémir les cieux, et la Terre tremblera sur ses bases, sous l'emportement de Yahvé Sabaoth, le jour où s'allumera sa colère. »

De même, le prophète Amos (8-9) prédit : « Il adviendra en ce jour-là – oracle du Seigneur Yahvé – que je ferai coucher le Soleil en plein midi et que j'obscurcirai la Terre en un jour de lumière. »

Quant au prophète Zaccharie, il rassure les peuples : ce phénomène de l'arrêt de la rotation terrestre autour de son axe ne durera qu'un jour : « Il arrivera, en ce jour-là, qu'il n'y aura plus de lumière, mais du froid et du gel. Et il y aura un jour unique – Yahvé le connaît – plus de jour ni de nuit.[6] »

---

6. Zaccharie 14-6,7 et *Kingship of Heaven*, pp. 246-248.

La première carte céleste a été découverte à Ninive et date de l'an 1 370 avant J-C. C'est un planisphère en argile, divisé en huit sections, montrant des constellations telles que l'Épi, Pégase, la Balance et quelques autres, ou des étoiles importantes comme Sirius. Ce texte d'astronomie, appelé le *Mul apin* (Étoile d'Andromède), regroupe toutes les connaissances de l'époque en astronomie et décrit les phénomènes célestes consignés nuit après nuit par les astronomes. Les indications sur la durée des jours et des nuits et tous les mois de l'année sont fournies par un calendrier de 360 jours, sorte de catalogue qui donne les périodes de visibilité et d'invisibilité des planètes, la liste de soixante-six constellations parmi lesquelles nous retrouvons les signes du zodiaque, et situe les étoiles les unes par rapport aux autres.

En 1976, l'écrivain Zecharia Sitchin, Américain d'origine russe, avait annoncé l'existence de ce corps céleste supplémentaire dans son ouvrage *La Douzième Planète*. Il décrivait Nibiru comme étant située sur une orbite longue, elliptique, entrant dans le système solaire tous les 3 600 ans et provoquant des catastrophes sur Terre comme des modifications de pôles, des inondations ou des éruptions volcaniques.

Ses déclarations ne résultaient pas de travaux astronomiques, mais elles provenaient uniquement de sa connaissance du sumérien, du sémite et d'autres langues anciennes, et de sa recherche sur les données archéologiques et bibliques. Sitchin attribuait la création aux Annunakis, divinités sumériennes, qu'il présente comme étant des extraterrestres venus sur Terre pendant la préhistoire. La Mésopotamie aurait été la première colonie terrienne de ces visiteurs venus de la Planète X, c'est-à-dire Nibiru. Selon Sitchin, ils créèrent génétiquement l'*Homo sapiens* en croisant leurs gênes avec ceux d'*Homo erectus*, puis des rois furent nommés en tant qu'intermédiaires, représentants de l'espèce humaine devant l'Annunaki. Ces anciennes civilisations ne parlaient pas des Annunakis comme des dieux, mais comme des dirigeants.

En marge des travaux de Sitchin et de certains spiritualistes, pour un grand nombre de scientifiques, la perspective du retour de cette planète évoque un possible basculement de l'axe des pôles induisant des séismes, raz-de-marée, éruptions de volcans, terres englouties, changements climatiques, disparitions de certaines espèces animales, végétales, et même de nombreux humains. Toutes ces prévisions actuelles correspondent parfaitement aux prophéties bibliques.

Selon différentes mesures effectuées par la NASA dès 1995, cette planète était déjà suffisamment proche de la nôtre pour l'influencer par son champ magnétique qui augmente de manière exponentielle au fur et à mesure qu'elle se rapproche de nous. Son apparition périodique, tout comme sa disparition à la visibilité de la Terre, confirme l'hypothèse de sa permanence sur une orbite solaire. N'oublions pas que les planètes que l'on connaît au-delà de Saturne furent d'abord découvertes grâce au calcul mathématique, et non par l'observation même aux télescopes.

Certains chercheurs relient l'approche de la Planète X et l'accélération des Résonances de Schumann qui mesurent la fréquence de la Terre. L'éventualité du franchissement du fameux « point zéro » et d'un basculement des pôles est peut-être ainsi directement liée à l'approche de Nibiru.

D'après les travaux du paléontologue Dave Raup, de l'université de Chicago, ces renversements géomagnétiques se seraient déjà produits 296 fois, et approximativement tous les trente millions d'années.

Le 15 mai 1998, *The Daily Mail* accusait les astronomes américains de cacher leurs découvertes scientifiques tant que la NASA n'avait pas pris connaissance de l'information. L'article précisait: « Si un astéroïde géant se dirige dans la direction de notre planète, nous serons les derniers à l'apprendre. Car les astronomes ont décidé que cette nouvelle serait trop bouleversante pour de simples mortels et causerait une panique générale. »

Le 16 octobre 1999, le journal *The Economist* signalait à son tour que le mouvement des marées était affecté par la force de gravité d'un corps immense qui se trouverait à l'intérieur du nuage d'Oort – un gigantesque halo glacé découvert par l'astronome hollandais Jan Oort, déjà célèbre pour avoir détecté la rotation de notre galaxie. Le nuage d'Oort, où plusieurs dizaines de millions de kilomètres séparent les comètes les unes des autres, est considéré comme la source la plus probable de la comète de Halley.

Pour en revenir aux prophéties de l'*Apocalypse* (VIII-11), cet astre auquel saint Jean donne le nom d'Absinthe, comme nous l'avons constaté dans un précédent chapitre, pourrait correspondre à la Planète X.

Nostradamus a, lui aussi, prédit l'approche d'un grand astre qui, durant sept jours, apparaîtra comme un autre Soleil:

« La grand estoille par sept jours bruslera,
Nuee fera deux soleils apparoir,
Le gros mastin toute nuict hurlera,
Quand grand pontife changera de terroir. [7] »

---

7. Prophéties II-41.

Les crop circles

Pourquoi vouloir éliminer l'étrange ?
L'homme lui-même est un animal essentiellement
étrange. Sa supériorité sur les autres animaux
n'est pas tellement de savoir résoudre les problèmes
que d'abord se poser les questions.
Père BRUCKBERGER (1907-1998).

LES PREMIERS *CROP CIRCLES,* appelés en français « agroglyphes », sont apparus au cours des années 1970 dans le sud de l'Angleterre, particulièrement dans le Hampshire et le Wiltshire. Bien vite, tandis que leur nombre se multipliait, leurs motifs sont devenus de plus en plus élaborés, leur distribution géographique s'est étendue, puis a dépassé les frontières du Royaume-Uni.

Ce phénomène semble avoir une origine assez ancienne, comme l'indique un dessin de forme ovale datant de 1678 qui représente le Diable en train d'aplatir avec une faux l'avoine dans un champ du Hertfordshire en Angleterre. Il y a longtemps que les fermiers ont constaté l'apparition de cercles dans leurs champs, et nombre de personnes en Angleterre se rappellent avoir entendu parler de ces manifestations dès le début du XXe siècle, mais les médias ne se sont intéressés au phénomène des *crop circles* qu'au début des années quatre-vingt.

Enfin, depuis 1990, de nouveaux rapports s'accumulent en provenance d'un nombre toujours croissant de pays. Les *crop circles* sont devenus un phénomène mondial que l'on observe désormais, non seulement sur le territoire anglais, mais aussi en France, Suisse, Espagne, Pays-Bas, Allemagne, Pologne, Bulgarie, Russie, Israël, États-Unis, Canada et Australie. Toutefois, ils se concentrent particulièrement dans le sud de l'Angleterre, surtout autour d'anciens sites mégalithiques tels que Stonehenge, Avebury et Silbury Hill.

Ces manifestations se caractérisent par l'apparition, bien souvent de nuit, de dessins plus ou moins complexes créés par l'aplatissement des tiges au milieu de champs et de cultures céréalières. Certains motifs ne sont bien souvent observables dans leur totalité que vus du ciel. Ils représentent les sujets les plus divers, toujours superbes et très précis dans leur tracé, des formes circulaires ou elliptiques, généralement multiples et symétriques, ou des dessins parfois symétriques, parfois asymétriques.

On a pu observer des fleurs, oiseaux, dauphins, escargots, et même une abeille. On retrouve aussi dans de nombreux agroglyphes les schémas de constructions géométriques que l'on observe fréquemment dans la nature et qui ont servi de base pour orienter et ériger les œuvres et monuments qui ont marqué l'évolution de l'humanité. Ainsi, le pentagramme, ou étoile à cinq branches, la spirale, la fameuse suite de Fibonacci et le nombre d'or, principe créateur de l'univers. On rencontre également des représentations plus particulières, comme la structure de l'ADN, le caducée, l'arbre des Séphiroth, le symbole du yin yang, la croix celtique et la lemniscate, ou ruban de Mœbius, emblème de l'infini.

Comme dans tous les phénomènes inexplicables, deux clans s'opposent, ceux qui prétendent que ces cercles dans les blés sont l'œuvre de plaisantins qui s'adonnent à une nouvelle forme d'art, et ceux qui pensent qu'ils représentent des messages provenant d'autres dimensions. Nombre de chercheurs estiment qu'il s'agit d'extraterrestres qui tentent de manifester leur présence par des moyens détournés afin d'éviter de traumatiser l'humanité par un contact avec une civilisation plus avancée que la nôtre.

Au Canada, le 5 août 1967, un fermier de Duhamel, en Alberta, a trouvé plusieurs cercles dans ses champs alors qu'au cours des semaines précédentes, plusieurs personnes avaient déclaré qu'ils avaient vu des ovnis (objets volants non identifiés). Au ministère de la Défense nationale, ce dossier est classé dans les affaires « non résolues ».

Quant aux farceurs, dont les premiers furent deux retraités anglais qui revendiquèrent la paternité d'environ deux cents agroglyphes, parmi les quelque dix mille recensés à ce jour, ils prétendirent qu'ils réalisaient leurs œuvres à l'aide d'une simple planche tirée par des cordes. Leur démonstration devant une équipe de télévision fut loin d'être concluante, mais leur médiatisation a donné des idées à d'autres artistes en herbe, et la réalisation d'agroglyphes est devenue une forme artistique qui bénéficie même de son concours annuel. De toute manière, il semble difficile d'imaginer que ces superbes graphiques puissent être de fabrication humaine car un groupe de plaisantins, même parfaitement habile et organisé, ne pourrait en une seule nuit et sans le moindre bruit passer inaperçu alors qu'il dessinerait les motifs les plus remarquables et de taille démesurée.

Ainsi, Eltjo Haselhoff, docteur en physique expérimentale et théorique qui a travaillé dans les fameux laboratoires de Los Alamos aux États-Unis, signale qu'une figure composée de cent cinquante cercles est apparue en 1996, en plein jour, sur une largeur de plus de cent quinze mètres, tout près des mégalithes de Stonehenge. Déployé, ce dessin aurait eu une longueur de deux cent quatre-vingts mètres. Or, un pilote qui survolait les lieux a affirmé que cette composition en forme de fractale constituée de cent quarante-cinq éléments différents est apparue en une demi-heure environ, et trois témoins indépendants ont pu confirmer le fait.

En outre, certaines anomalies sont impossibles à reproduire avec les moyens humains actuels. Ainsi, l'altération des plantes au niveau cellulaire ou la composition et structure du sol, ou bien une radioactivité non naturelle. Selon les spécialistes, seule une exposition à une chaleur considérable peut expliquer ces altérations, alors qu'aucun plant ne porte traces de brûlures. De même, aucune méthode ne permet de coucher les plantes les plus fragiles sans les briser, alors que l'une des caractéristiques des agroglyphes est justement qu'aucune tige n'est abîmée.

Certains bruits, semblables au bourdonnement que l'on entend à proximité des lignes électriques à haute tension, accompagnent parfois la formation d'un agroglyphe. De temps à autre, il s'agit de sifflements plus ou moins aigus, comme ceux qui sont produits par une flûte de pan.

Il est tout aussi difficile d'expliquer la présence d'une fine poudre de quartz composée de micro-éléments parfaitement sphériques, ou celle de mouches collées sur des épis, pattes et ailes écartées comme à la suite d'un spasme, ou la poussière de météorites qui atteint dans certains agroglyphes un taux cinquante fois supérieur à la moyenne. On a aussi trouvé sur les plantes couchées des dépôts de magnétite ou d'oxyde de magnésium dont les concentrations sont plus de six cents fois supérieures à la normale.

Quant à la germination des graines, elle semble stimulée et les graines mûres peuvent croître à une vitesse jusqu'à cinq fois supérieure à la moyenne.

Haselhoff signale qu'une souris a mangé tous les grains de contrôle, mais n'a pas touché un seul grain récolté dans un cercle. Cela lui a rappelé qu'au début des années quatre-vingt-dix, on avait employé les deux sortes de grains pour fabriquer deux pains, en même temps et de la même façon. Or, le pain fait avec des grains de blé ordinaires était excellent alors que l'autre avait un arrière-goût désagréable.

Bien qu'il existe de nombreuses théories relatives à leur création, qu'elle soit humaine, naturelle, surnaturelle ou extraterrestre, aucune n'a pu expliquer d'une manière satisfaisante comment se forment exactement les cercles.

Nancy P. Talbott et William C. Levengood estiment que les agroglyphes seraient réalisés par des « boules de lumière » qui émettraient des micro-ondes afin d'imprégner la forme dans les blés. L'origine de ces boules n'est pas précisément définie [1].

---

1. *Dispersion of energies in worldwide crop formations*, Physiol. Plant. 105 : 615-624 (1999).

William C. Levengood est un biophysicien du Michigan qui a plus de quarante années d'expérience dans l'industrie et a publié dans les plus prestigieux journaux scientifiques tels que *Science* ou *Nature*. Il fait partie, entre autres, de l'American Association for the Advancement of Science. Les analyses scientifiques d'échantillons de plantes qu'il a prélevés sur des *crop circles* semblent suggérer qu'une sorte d'effet d'énergie de micro-ondes soit impliquée dans le processus de création du cercle. Peut-être, pensent certains, par le biais d'expériences militaires qui seraient menées secrètement par des organismes gouvernementaux. En effet, quelques chercheurs estiment que ces figures sont formées par des satellites afin de tester ses nouvelles armes et de connaître les réactions du public à des stimuli non ordinaires.

George Terence Meaden, physicien anglais, a, lui aussi, rapporté des effets optiques qui semblent directement liés à la formation des agroglyphes. De la sorte, le 28 juin 1989 aux environs de minuit, on a vu une grande boule de lumière orange qui descendait sur un champ de blé en Angleterre. Le témoin a vu les plantes s'aplatir au moment où la boule a touché la terre, avant de disparaître après un seul rebond quelques secondes plus tard. Le matin suivant, on a découvert un cercle de blé aplati au même endroit. Tandis que ces boules lumineuses survolent les champs, on peut entendre des sons étranges ou des vrombissements [2].

Quelle que soit leur origine, terrestre ou extraterrestre, plusieurs de ces lumières ont été filmées en plein jour et

2. *Secret of the Avebury Stones* et *Circles Effect and Its Mysteries* (non traduits en français).

les objets semblent se déplacer avec intelligence vers un but déterminé.

Le docteur Meaden avance l'hypothèse que la réunion de certaines conditions climatiques et topographiques produirait un vortex de plasma froid de basse densité qui émettrait un champ électromagnétique de haute intensité, en descendant de l'atmosphère. Mais cette théorie ne peut expliquer que ces formations se produisent uniquement dans des champs de céréales et ne débordent jamais sur des routes ou d'autres champs, pas plus qu'elle ne peut justifier la nature extrêmement évoluée des formations de ces dix dernières années.

Il faut noter que les animaux refusent d'entrer dans les cercles, et que certaines personnes ressentent des maux de tête ou des nausées ou se sentent mal, alors que d'autres baignent dans l'euphorie. Il arrive aussi que les boussoles s'y dérèglent, que les radiesthésistes y captent de forts courants énergétiques, et que les caméras et appareils électroniques sophistiqués souffrent de pannes inexplicables, ce qui rejoint les déclarations des personnes qui affirment avoir rencontré des extraterrestres et subi les mêmes dommages.

Le 26 juillet 1990, le photographe Steve Alexander filma pendant quinze minutes la vidéo devenue célèbre d'un objet lumineux, flottant au-dessus d'un champ près de Stanton St Bernard, toujours en Angleterre. À l'arrière-plan, on peut voir, assis sur un tracteur, un agriculteur qui observait aussi la boule de lumière et qui fut identifié quelques jours plus tard. Sa famille n'avait pas pris au sérieux le récit de son étrange observation, jusqu'à ce qu'Alexander vienne les voir avec sa vidéo.

Quant à Julian Richardson, en 1992, alors que la nuit tombait et qu'il essayait, avec trois amis, de mettre au point une technique élaborée pour essayer de reproduire un cercle, ils avançaient le long d'un étroit chemin qui bordait l'endroit où ils comptaient opérer. Il fut confronté à un curieux phénomène. « Soudain, mon attention fut attirée par une lumière paraissant surgie de nulle part, à près de cent mètres devant nous. Dès que je l'ai vue, j'ai prévenu mes collègues. Stupéfaits, nous sommes restés debout, regardant fixement cette lumière orange, de la taille d'un ballon de football, qui restait immobile à une quinzaine de mètres au-dessus du sol. Après un instant qu'on peut estimer à cinq secondes, la lumière commença à descendre lentement. Cinq secondes plus tard, elle était descendue d'environ trois mètres et était devenue invisible. Nous retournâmes à notre travail, espérant que le spectacle se renouvellerait.[3] » Cette année – là, on rapporta de nombreux phénomènes lumineux autour des cercles.

Eltjo Haselhoff raconte qu'un groupe important de gens a observé la formation d'un agroglyphe : « Soudain, l'herbe a commencé à se balancer devant nos yeux et s'est couchée en spirale dans le sens des aiguilles d'une montre, comme quand on ouvre un éventail de dame. »

Lucy Pringle a publié dans *Crop Circles, The Greatest Mystery of Modern Times*[4] plusieurs déclarations de témoins oculaires. Ainsi, celui de Gary et Vivienne Tomlinson qui furent témoins de la formation d'un agroglyphe un soir d'août 1991, à Hambledon : « Subitement, dans une violente

3. *Les Cercles dans les blés et leurs mystères*, Eltjo Haselhoff (Éditions Favre, 2002).
4. Harper Collins, 1999.

rafale, le vent nous écarta du sentier et nous entraîna dans le champ de blé. C'était très effrayant. Quand nous avons baissé les yeux, nous avons vu qu'un cercle se formait autour de nous. Cela n'a duré que deux ou trois secondes. » Ils entendirent aussi un son aigu, alors que le vent se levait.

En 1996, Eltjo Haselhoff a recueilli le témoignage d'un garçon de seize ans, nommé Robbert van den Broeke, qui lui a raconté comment, à plusieurs reprises, il avait assisté à la formation d'un agroglyphe. Il a comparé le bruit à celui que fait « un pull-over que l'on enlève par-dessus la tête », ou à celui que font « les frites congelées jetées dans l'huile bouillante ». Il a confirmé qu'un agroglyphe était créé par une ou plusieurs boules de lumière qui tournent très rapidement au-dessus des cultures, « de sorte que ça ressemble presque à un disque fluorescent ». Pour Robbert, les boules étaient parfois d'un blanc bleuâtre ou blanc rosâtre, d'autres fois elles tiraient plus sur l'orangé. Dès que le motif était formé dans le champ, les boules de lumière s'estompaient et disparaissaient très vite, « comme quand vous éteignez la télévision ».

« Selon les lois physiques de l'électromagnétisme, cela pourrait être une indication de variation de température, tandis que l'air tremblant autour des boules pourrait être la conséquence d'une chaleur intense », en a déduit Haselhoff.

Depuis 1989, le BLT Research Team, association américaine à but non lucratif, étudie systématiquement les plantes et le sol des *crop circles* et les compare avec ceux qui se trouvent à l'extérieur des cercles, mais dans les mêmes champs. Leur objectif est d'évaluer les changements induits dans les *crop circles* par le système énergétique responsable de leur création et de déterminer, autant que possible, la nature et la source de ces énergies. Leurs travaux scientifiques indiquent clairement que la cause ne peut être mécanique mais suggèrent un système énergétique qui provoque des modifications structurelles profondes dans les nœuds des plantes tressées et non simplement couchées. Les chercheurs ont découvert dans les agroglyphes des isotopes radioactifs rares.

Le groupe est dirigé par l'Américaine Nancy Talbott, John Burke et William C. Levengood, déjà cité, et travaille avec plusieurs centaines de personnes de toutes nationalités, aussi bien aux États-Unis, Royaume-Uni et Canada que dans d'autres pays. Ils ont publié les premiers résultats de leurs travaux dans deux journaux scientifiques, *Physiologia Plantarum* en 1994 et le *Journal of Scientific Exploration* en 1995 [5].

À son tour, Nancy Talbott a eu la chance de voir, en 1998, en compagnie de quatre autres personnes, ces lumières étranges dans la province du Nord Brabant, où chaque année apparaissent de nombreux agroglyphes, souvent accompagnés de phénomènes lumineux anormaux.

Il est intéressant d'avoir l'avis d'une spécialiste du sujet qui fut elle-même témoin d'une apparition. Elle a ressenti une sensation physique très forte qui précéda l'arrivée des lumières, comme un picotement qui montait le long de son corps vers sa nuque. Puis les lumières se manifestèrent, certaines comme des boules immobiles en l'air, d'autres comme des gouttelettes, d'autres encore comme des ampoules de flash, toutes dirigées contre les fenêtres

5. (92 : 1994) ; Levengood, W.C. and Burke, John A., "Semi-Molten Meteoric Iron Associated with a Crop Formation", (9:2,1995).

derrière lesquelles les témoins étaient assis. « Ce déploiement durait peut-être trente secondes, puis s'arrêtait. Il se passait alors trente à soixante secondes avant que le picotement ne recommence, monte lentement le long de nos corps, pour atteindre à la hauteur de nos nuques un niveau d'intensité presque inconfortable, et alors, paf ! il s'arrêtait et le jeu de lumières recommençait. Le phénomène s'est produit cinq à sept fois pendant environ onze minutes, dès 2 heures du matin[6]. » Haselhoff signale qu'il n'a pas été surpris par ce genre de déclaration qui n'était pas la première qu'il ait entendue.

Un agroglyphe inhabituel, apparu à Chilbolton, à 30 km de Stonehenge, a attiré l'attention des chercheurs car il est bien différent des autres qui représentent des structures géométriques plus ou moins complexes. Cet endroit au sud du Wiltshire est célèbre dans le monde parce qu'il abrite un centre de recherches qui possède l'un des radars météorologiques les plus perfectionnés de la Terre. Et c'est curieusement dans cette zone que l'on a répertorié le plus de *crop circles* depuis leur apparition.

Un premier agroglyphe de 112 m sur 72 m représentant des formations circulaires, comme issues les unes des autres, était apparu sur ce site le 13 août 2000, à quelques centaines de mètres de l'antenne radar.

L'année suivante, le 19 août, dans le même champ, se manifesta un agroglyphe rectangulaire, comprenant ce que l'on pourrait considérer comme un visage d'*alien* et un rectangle allongé avec de très nombreuses alternances de blé couché et blé debout, représentant des carrés de

6. Cité par Eltjo Haselhoff dans *Les Cercles dans les blés et leurs mystères*.

blés debout. Observé en altitude, le rectangle montre qu'il s'agit d'une version modifiée du message, écrit dans le langage des mathématiques et des sciences, envoyé par SETI (Search for Extra-Terrestrial Intelligence) le 16 novembre 1974 d'Arecibo, le plus grand radio télescope du monde, à Porto Rico. Ce message, conçu par les astronomes Frank Drake et Carl Sagan, a été rediffusé en mai 1999, en direction de la constellation Messier 13 ou Grand Amas d'Hercule, à 25 100 années-lumière de la Terre et contenant 300 000 étoiles, selon les estimations les plus sérieuses. Constitué d'impulsions binaires, le message a été élaboré pour être déchiffré par des intelligences ayant au moins notre niveau de culture.

Il a été encodé en utilisant deux fréquences différentes et en les alternant. Il est en code binaire et contient 1 679 caractères, soit 73 rangées de 23 colonnes avec des informations de base concernant la vie de l'homme sur notre planète et sa position dans notre système solaire. Il indique la silhouette de l'être vivant, sa taille moyenne, le nombre d'individus qui peuplent la Terre, un schéma de la double hélice de l'ADN et le nombre de nucléotides de base, les numéros atomiques des principaux éléments de la vie sur Terre : hydrogène, carbone, nitrogène, oxygène, et phosphore. Or, l'agroglyphe de Chilbolton, qui montrait que ses auteurs utilisent le même système mathématique que nous, pourrait être une réponse à ce message, tout en présentant quelques différences.

Ainsi, la liste des nombres atomiques correspondant aux éléments primaires indispensables à la vie terrestre comportait un nouveau nombre, le 14, qui désigne le silicium, inséré à sa bonne place dans la suite des éléments.

Or, le silicium, qui joue un rôle primordial dans la structure des cellules humaines, a pourtant été oublié dans le message initial de SETI.

« Est-ce que la vie extraterrestre serait basée sur le silicium alors que la nôtre l'est sur le carbone ? » se demande Paul Vigay, créateur du Crop Circle Research. Cette présence du silicium dans la liste est particulièrement intéressante et devrait entraîner davantage de recherches sur ce phénomène autour des formations. Quant à l'utilisation des mêmes nucléotides de base, quoique leur nombre soit plus élevé dans l'agroglyphe, elle suggère des similitudes importantes ou bien une quantité limitée de combinaisons à l'œuvre.

La structure de l'ADN de l'homme, également modifiée, semblait indiquer la réactivation de certains segments considérés aujourd'hui par les généticiens comme « inutiles », sans fonction apparente. Ainsi, un segment supplémentaire était situé sur le côté gauche de la double hélice, ce qui pourrait indiquer que l'ADN de l'être humain serait aujourd'hui en phase active de restructuration ou simplement que l'ADN des êtres qui auraient renvoyé le message serait différent du nôtre, comme leurs nucléotides seraient plus nombreux. Ce constat rejoint, lui aussi, les travaux de Gregg Braden.

De même, d'après Paul Vigay, la différence entre les deux systèmes solaires pourrait s'expliquer de deux manières. Ou bien le diagramme du système solaire de Chilbolton se réfère à notre propre système, ce qui laisserait supposer que de nouvelles planètes seront bientôt découvertes, ou bien il correspond au système solaire d'une autre planète, ce qui expliquerait les différences.

Enfin, la représentation de l'humanoïde est différente de celle de l'image humaine envoyée par SETI, mais identique à la description de milliers de témoignages sérieux. La schématique de Chilbolton présente une figure avec une tête élargie comme celle que nous imaginons souvent au sujet des extraterrestres et leur taille est définitivement différente de la nôtre. Quant au nombre indiquant la population de la planète, il était passé de 4,3 milliards à 21,3 milliards, ce qui laisse de nombreuses questions en suspens.

Le 3 août 2004, en Grande-Bretagne, s'est formé un agroglyphe en rapport direct avec le calendrier maya et ses symboles. Cet impressionnant cercle de plus de cent cinquante mètres de diamètre a été découvert sur le site de Stonehenge, dans un champ, à proximité du tumulus de Silbury Hill, où de précédentes manifestations avaient eu lieu. On l'appelle « Jour du Destin », « Jugement Dernier » et même « Fin des Temps », ce qui évoque évidemment la date de 2012 pour certains.

« C'est le cercle de culture le plus complexe que j'ai jamais vu ! Je sais qu'un tas de gens pensent que tous ces cercles sont faits artificiellement par la main de l'homme mais, pour celui-ci, c'est très peu probable. Cela prendrait des jours pour réaliser un dessin aussi gigantesque, or ce cercle est apparu en une nuit », a déclaré Steve Alexander, déjà cité, qui, depuis environ dix ans, a photographié des centaines de cercles de récolte à travers le monde et publie chaque année, avec sa femme Karen, le *Crop Circles Year Book*, qui remet à jour les récentes découvertes sur le sujet.

Un cercle entoure cet agroglyphe et symbolise une suite binaire que l'on retrouve sur le socle circulaire d'une statue du XVIe siècle, découverte au XIXe siècle au Mexique près du volcan Popocatépetl. Elle représente le dieu aztèque Xochipilli qui, par un curieux « hasard », était le dieu des cultures et des moissons, alors que les *crop circles* se produisent en général au milieu des cultures de céréales. Selon Carlos Barrios, ce dieu assis sur la Terre serait en train d'organiser et d'harmoniser les cycles du temps.

Ce chercheur est parvenu à faire coïncider les données du cryptogramme de Silbury Hill et le système de mesures utilisé dans les anciens calendriers mayas et aztèques. Il serait trop compliqué d'expliquer en détail son travail mais, pour lui, il ne fait aucun doute que le diagramme de cet agroglyphe d'un genre tout à fait nouveau indique une sorte de compte à rebours sur une minuterie en forme « d'horloge-calendrier » inspirée du modèle maya-aztèque. D'autant qu'il est apparu au cours de l'été 2004, alors que cette année-là, ces cercles ont été moins nombreux que lors des années précédentes, non seulement en Angleterre mais sur l'ensemble de l'hémisphère nord de notre planète.

Pour ces raisons, nombreux sont ceux qui estiment que cette formation pouvait annoncer le début de la période de profonds bouleversements, censée précéder ce que certains considèrent comme « la fin de notre temps ». Il faut ajouter qu'il s'est précisément matérialisé quelques semaines avant la venue du plus grand cataclysme qu'a connu l'humanité depuis des siècles, c'est-à-dire le tsunami du 26 décembre 2004. Certains ne peuvent s'empêcher d'y voir un avertissement afin de nous rappeler l'urgence de notre situation actuelle vis-à-vis de notre planète, et la nécessité de nous préparer à envisager les choses d'un autre point de vue, holistique et plus spirituel.

Peut-être est-ce important de signaler que Silbury Hill est un site néolithique considérable, construit il y a environ 4 750 ans sur une colline naturelle, et dont le tumulus, haut de quarante mètres, couvre plus de deux hectares. Les archéologues ont calculé que sa construction a nécessité dix-huit millions d'heures de travail, soit cinq cents hommes pendant quinze ans.

Enfin, le 15 juillet 2008, une nouvelle formation s'est manifestée à Avebury Manor, dans le Wiltshire. Elle représente le diagramme du Soleil et des planètes sans tenir compte des exactes proportions astronomiques, bien que les petites planètes (Mercure, Vénus, Mars et la Terre) soient nettement représentées de taille très inférieure à celles des planètes géantes (Jupiter, Saturne, Uranus et Neptune). Au milieu, trône un immense Soleil. Quant à Pluton, elle est de la taille des autres petites planètes et se situe au-delà de l'orbite de Neptune.

D'après les spécialistes, la position des planètes ne correspond pas à leur emplacement actuel mais exactement à celui qu'elles auront le 23 décembre 2012, à une exception près. En effet, dans ce cercle, la planète Pluton est plus proche de Neptune qu'elle devrait l'être à cette époque, et certains pensent que l'orbite de Pluton, correctement représentée, pourrait être altérée par le passage d'un corps immense qui pourrait être la Planète X. Les astrologues qui ont étudié la question estiment que la Terre recevra à cette date de nombreux aspects des autres planètes.

Le Soleil du 21 décembre 2012 sera à l'intersection de la Voie lactée et du plan de l'écliptique, et la grande croix cosmique qui se formera est reconnue par toutes les traditions spirituelles du monde. Cet alignement avec le noyau central de la galaxie pourrait ouvrir un canal pour l'énergie cosmique afin qu'elle inonde la Terre, l'élevant ainsi à un haut niveau vibratoire. Selon le *crop circle* d'Avebury Manor, notre Lune serait alors très proche d'une « comète brillante » à la fin de l'année 2012.

Une figure similaire s'est déjà manifestée à West Overton le 13 juillet 1996, mais aucune prédiction de ce genre ne peut être actuellement confirmée par l'astronomie conventionnelle, cependant, elle correspond exactement aux prédictions du calendrier maya.

Grâce à ces distorsions de céréales dans les champs, nous sommes amenés à considérer que nous ne sommes pas seuls dans l'univers et que d'autres intelligences essaient de communiquer avec nous. Ces nouvelles informations nous obligent à reconsidérer notre vision du monde et nos paradigmes. Nous ne savons toujours pas qui nous sommes, d'où nous venons, ni comment nous pouvons correspondre avec ceux qui nous envoient ces messages à travers champs. Une seule chose est certaine : cette intelligence est en avance sur nos connaissances et pour la rejoindre, nous ne pouvons continuer à vivre dans une société de compétition, de terrorisme, de haine raciale ou religieuse, de pollution et de tueries. Nous devons donc émerger à la conscience cosmique et à l'amour universel.

Partant de ce nouveau modèle d'Univers qui est en train de naître et renverse toutes nos idées reçues ainsi que notre perception du monde, de l'espace et du temps, certains scientifiques, et non des moindres, demandent un changement de paradigme. En effet, ils désirent introduire la notion d'esprit dans la matière en espérant qu'une vision holistique permettra de résoudre des problèmes qui semblent insolubles pour l'instant.

Ainsi, Eugene Wigner, physicien théoricien hongrois naturalisé américain, disparu en 1995, qui fut professeur à Princeton, lauréat du prix Nobel de physique en 1963, affirmait qu'une certaine révision des lois de la physique quantique lui semblait nécessaire pour des raisons de simple cohérence. La modification qui consiste à attribuer un rôle précis à la conscience lui paraissait la plus naturelle de toutes.

Les extraterrestres

À la télévision, on ne peut pas dire la vérité,
il y a trop de gens qui regardent.
COLUCHE.

Après ce que nous savons sur les *crop circles*, il est difficile d'éviter de parler des extraterrestres, bien que ce sujet soit tabou pour la majorité des Français et lié à la chasse aux sectes, si populaire chez nous. La plupart des « certitudes » qu'avancent les gens qui nient l'existence des ovnis ne sont basées que sur des croyances, un manque d'informations ou simplement un manque de pensée personnelle. Pour nombre de gens, les ovnis n'existant pas, ils ne manifestent aucune curiosité pour ce phénomène et se contentent de répéter le credo ambiant.

Il n'est pas question ici de me lancer dans des explications qui sont largement et intelligemment traitées dans de très nombreux ouvrages, mais il est souhaitable que le lecteur connaisse mieux la quantité et la qualité des gens qui, non seulement ne nient pas ce phénomène, mais en ont été témoins.

Pendant la Seconde Guerre mondiale, les pilotes alliés ou allemands aperçurent de petites boules lumineuses puis des engins de taille plus importante. Chacun pensa qu'il avait affaire à une arme secrète ennemie. Ensuite l'URSS et les États-Unis se soupçonnèrent mutuellement de faire voler des « fusées fantômes » ayant des vitesses et des capacités de manœuvre exceptionnelles. Elles étaient alors détectées par les radars militaires de tous les pays d'Europe.

Depuis 1947, plus de 3 500 pilotes civils et militaires ont mis leurs carrières en péril en rapportant publiquement leurs observations d'ovnis, alors appelés « soucoupes volantes ». Étant donné que seuls 10 % des témoins civils contactent les autorités, il est permis de supposer que ce pourcentage est encore inférieur lorsqu'il s'agit des militaires qui ont un devoir de réserve et, souvent, des ordres qu'ils ne peuvent outrepasser.

À présent, la vie extraterrestre n'est plus cantonnée dans le domaine de la croyance, elle fait partie de la recherche scientifique, ce que nombre de gens ignorent encore. En 1999, l'association Cometa (Comité d'études approfondies), liée à l'Institut des Hautes Études de la Défense Nationale, présidée par Denis Letty, général de l'armée de l'air, et composée d'officiers supérieurs, d'ingénieurs et de scientifiques, a conclu à « l'existence physique quasi certaine d'objets volants inconnus, aux performances de vol et au silence remarquables, apparemment mus par des intelligences ».

Le préambule de ce rapport, qui se base sur le travail des études françaises depuis 1997, a été écrit par le professeur André Lebeau, ancien directeur du CNES (Centre national d'études spatiales), qui estime que ce « rapport fait œuvre utile » et fait remarquer que les pierres tombées du ciel, longtemps considérées dans notre pays comme relevant de la fable, sont entrées dans le champ de la science le jour où une grêle de météorites sur la ville de Laigle permit une observation collective et indiscutable. Selon lui, « l'importance de la place accordée aux observations, aux témoignages et à l'analyse des cas élucidés montre le rôle capital que joue ici l'établissement des faits. Mais on trouvera également dans ce document une réflexion sur l'hypothèse d'une intelligence extraterrestre et sur l'importance qu'elle pourrait avoir si les travaux convergeaient vers sa confirmation ».

La préface est écrite par le général Bernard Norlain, ancien directeur de l'Ihedn (Institut des Hautes Études de Défense Nationale), qui rend hommage au général Letty d'avoir su trouver les nombreuses compétences dont il a coordonné les efforts. « La liste des diplômes de haut niveau, civils et militaires, des membres de son comité est impressionnante. [...] La quasi-totalité de ses membres ont, ou ont eu, au cours de leur carrière, des responsabilités importantes dans la défense, l'industrie, l'enseignement, la recherche, ou diverses administrations centrales. » Et il formule le vœu que ce rapport donne une impulsion nouvelle aux efforts nationaux ainsi qu'à une coopération internationale, ce qui servirait alors la nation et peut-être l'humanité.

Parmi les collaborateurs du rapport, on trouve Jean-Jacques Velasco, membre du CNES et ex-directeur du GEPAN, devenu ensuite la SEPRA[1], Jean-Claude Ribes,

1. Service d'Expertise des Phénomènes de Rentrées Atmosphériques.

astrophysicien et ancien directeur de l'observatoire de Lyon, le général Joseph Domange de l'armée de l'air, et Edmond Campagnac, ancien directeur technique d'Air France à Tananarive. Après une longue éclipse, en 2005, l'ex-Gepan est devenu le Geipan.

Selon le rapport, le postulat de l'origine extraterrestre de ces engins, formulé dès 1947 par des militaires américains, a été suffisamment élaboré par des scientifiques pour être aujourd'hui plus plausible que tout autre car des objets volants totalement inconnus impressionnent fortement, par leurs manœuvres, des pilotes civils et militaires qui hésitent pourtant à parler par crainte du ridicule. Le rapport conclut que « l'hypothèse extraterrestre est de loin la meilleure hypothèse scientifique ; elle n'est certes pas prouvée de façon catégorique, mais il existe en sa faveur de fortes présomptions, et si elle est exacte, elle est grosse de conséquences ».

Le comité estime qu'une vigilance cosmique s'impose désormais, ne serait-ce que pour désarmer de possibles manipulations médiatiques. Les buts de ces éventuels visiteurs ne sont pas connus, mais doivent faire l'objet d'indispensables spéculations.

Aux États-Unis, où tous les renseignements sur le sujet étaient catalogués « Top Secret », un amendement à la Loi sur la Liberté de l'Information (Foia) qui date de 1974 a permis d'obtenir des documents officiels déclassifiés concernant les ovnis. Dans le cadre d'un projet avalisé par l'Académie des sciences, qui porte le nom de Blue Book, l'armée de l'air, chargée de l'étude de ces objets de 1948 à 1969, a bien démontré les indices d'une origine extraterrestre. Cette position a été confirmée dans le résumé et les conclusions du rapport d'une commission universitaire chargée d'évaluer Blue Book, la commission Condon.

Le rapport Condon ayant conclu que l'étude des ovnis avait peu de chances de faire avancer la science, en décembre 1969, le projet Blue Book a été abandonné malgré les oppositions de nombreux scientifiques, particulièrement au sein de l'Aiaa (American Institute of Aeronautics and Astronautics). Cet institut a fait justement remarquer que le résumé et les conclusions du rapport, rédigés par le professeur Edward Condon lui-même, de l'université du Colorado, sont contraires à de nombreuses analyses contenues dans le corps du rapport.

Ainsi, le 16 janvier 1957 à Washington, lors d'une conférence de presse, Albert M. Chop, directeur adjoint des relations publiques de la NASA et rapporteur de l'US Air Force au sein du projet Blue Book, affirmait : « Je suis convaincu depuis longtemps que les soucoupes volantes sont réelles et d'origine extraterrestre. De plus, nous sommes observés par des êtres venant de l'espace. »

Le Major E. J. Ruppelt, responsable du projet, en opposition avec sa hiérarchie, clamait à l'unisson : « Qu'est-ce qui constitue une preuve ? Faut-il qu'un ovni atterrisse à l'entrée du Pentagone, auprès des chefs d'état-major ? Ou est-ce une preuve lorsqu'une station de radar au sol détecte des ovnis, envoie une escadrille d'interception, que les pilotes voient l'ovni, le prennent au radar et le voient s'éloigner à une vitesse fantastique ? Est-ce une preuve lorsque le pilote lui tire dessus et maintient sa version devant une cour martiale ? »

Déjà, en novembre 1947, le général Nathan Twining, responsable de l'Air Material Command, avait rédigé un rapport sur les disques volants : « Le phénomène rapporté est quelque chose de réel, il ne s'agit pas de visions ou d'imagination. Il existe des objets ayant la forme d'un disque. Les vitesses ascensionnelles très élevées observées, la souplesse des manœuvres laissent supposer qu'ils sont pilotés ou télécommandés. La plupart des témoins décrivent des objets à surface métallique, de forme circulaire ou elliptique, avec la partie supérieure en forme de dôme, volant sans bruit en formation de trois à neuf objets. »

Le général de brigade aérienne Bolender, qui travaillait à la NASA sur le projet Apollo, précisait en octobre 1969 que « la fin du projet Blue Book ne sera pas la fin des rapports militaires concernant des ovnis qui constituent une menace pour la sécurité nationale ». C'est alors que les associations ufologiques privées qui ne faisaient pas partie du système Blue Book se sont substituées à l'armée.

La directive JANAP 146 (Joint Amy, Navy, Air Force Publication), document émis par l'état-major interarmées américain, prescrit aux militaires, aux commandants de bord de l'aviation civile, et aux capitaines de la marine marchande des États-Unis et du Canada, de rendre compte, de toute urgence, lorsqu'ils observent des objets nécessitant une action défensive ou une enquête des forces armées des États-Unis ou du Canada. Parmi ces objets, les ovnis figurent entre les missiles et les sous-marins hostiles ou non identifiés. Mais la divulgation du contenu de ces rapports tombe sous le coup des lois réprimant l'espionnage. Elle est punissable de un à dix ans de prison et de 10 000 dollars d'amende. JANAP 146 était en vigueur ces dernières années et l'est peut-être encore, ce qui pourrait expliquer la réticence fréquente des militaires américains, des aviateurs en particulier, à évoquer le sujet des ovnis.

Les associations ufologiques américaines qui comptent quelques milliers de membres s'emploient à combler le vide laissé par les pouvoirs publics dans le domaine des études ovni. La Foia leur a donné un regain d'activité, en leur montrant que, contrairement à leurs affirmations, l'armée de l'air et différents services spéciaux, la CIA notamment, s'intéressaient beaucoup et depuis longtemps aux ovnis. Et s'ils s'y intéressent, ce n'est certainement pas sans raison.

Arthur Colin résume parfaitement la situation aux États-Unis : « Si la NASA se garde bien de reconnaître ce qui s'est passé, tout ce que le centre spatial entreprend va dans le sens d'un contact avec d'autres civilisations, même si chaque témoignage relatant un tel contact est aussitôt classé "secret défense", ou démenti si une fuite se produit. D'ailleurs, si la NASA ne croyait en rien, les cosmonautes n'auraient déposé ni plaque métallique ni capsule contenant les messages de soixante-quatorze chefs d'État dans toutes les langues de ces hommes. Et elle n'aurait pas récidivé lors de la mission Apollo XIV, lorsque Mitchell a déposé une autre capsule contenant un microfilm de *La Bible*. Les documents filmés sont aujourd'hui rangés dans les coffres de la CIA. Curieusement, à la fin de l'été 2006, la NASA a déclaré avoir perdu les premiers enregistrements de l'homme marchant sur la lune sans que personne n'y trouve rien d'anormal. Il s'agit tout de même de treize mille bandes ! [2] »

---

2. *Le Message des crânes de cristal*, Arthur Colin, Alphée.

L'une des meilleures preuves que les dirigeants des États-Unis savent que les ovnis sont bien réels est que le *Guide des Pompiers pour contrôler les Sinistres*, manuel qui se trouve dans tous les établissements de police et les casernes de pompiers des États-Unis, prévient que l'approche d'un ovni peut être dangereuse pour un humain. « Ne restez pas sous un ovni en vol stationnaire à basse altitude. Ne touchez pas un ovni qui a atterri. Dans l'un ou l'autre de ces cas, la seule attitude à avoir est de s'éloigner très rapidement et laisser faire les militaires. Il existe un danger dû aux radiations et il y a des cas répertoriés de gens qui ont été brûlés par les rayons émanant des ovnis. Attention, attention, attention. Ne prenez pas de risques avec les ovnis. » D'ailleurs, une loi adoptée le 16 juillet 1969 – l'année où le premier homme a posé un pied sur la Lune – et abrogée le 26 avril 1991 interdisait d'entrer en contact avec les extraterrestres pour des raisons de contamination. Le contrevenant s'exposait à une amende de 5 000 dollars[3].

Ces seules interdictions prouvent bien la réalité du phénomène puisqu'elles signalent qu'il existe des cas « répertoriés » de gens qui ont été brûlés par les rayons émanant des ovnis.

Le ministère de la Défense britannique, qui a reçu plus de dix mille rapports d'ovnis, dont certains comportent plus d'une centaine de documents distincts, s'est engagé à libérer l'ensemble de ses archives qui remontent aux années 1970, en commençant au printemps 2008. Les documents, qui devraient être publiés dans l'ordre chronologique, contien-

3. Titre 14, section 1211 du Federal Regulations Code.

nent des dépositions de témoins dans des postes de police, des rapports de stations radar ou météo des aéroports et des bases de la RAF, ainsi que des constats de l'observatoire de Greenwich.

Lord Hugh Dowding, ami de Winston Churchill, maréchal en chef de la Royal Air Force pendant la dernière guerre, affirmait sans ambages : « Plus de dix mille témoignages relatent la présence d'objets volants, dont la majorité ne peut être résolue par une "explication scientifique". Nous avons observé ces objets sur écran radar [...] et les vitesses enregistrées sont de l'ordre de 15 000 kilomètres à l'heure. Je suis convaincu que ces objets existent et ne sont fabriqués par aucune nation de cette Terre. De ce fait, je ne vois pas d'alternative, sinon accepter la théorie qu'ils soient issus d'une source extraterrestre. »

Pour sa part, le Lord amiral Hill-Norton, chef d'état-major du ministère de la Défense de Grande-Bretagne, président du conseil militaire de l'otan, s'exprima à la BBC en février 1974 : « Le fait que des objets, observés dans notre atmosphère ou même sur la terre ferme, ne puissent être assimilés à des objets construits par l'homme ou à un quelconque phénomène physique connu de nos scientifiques semble évident. Quantité d'observations ont été rapportées par des personnes dont le sérieux me paraît indiscutable. On sait maintenant que nombre d'entre d'eux ont été des observateurs compétents, tels des officiers de police ou des pilotes civils et militaires. Leurs observations ont bien souvent été confirmées par des dispositifs techniques comme le radar ou, de manière encore plus crédible, des interférences avec divers appareillages électroniques. »

En 1985, le Lord amiral interpella Lord Trefgarne, alors ministre délégué à la Défense, qui avait déclaré au sujet d'observations d'ovnis à Rendelsham que l'incident était sans conséquence : « Ou bien les officiers supérieurs de l'US Air Force sont devenus fous ou bien ils ont bel et bien vu un ovni. [...] Je n'ai aucun doute, quelque chose s'est posé à côté de cette base de l'US Air Force, et tout le monde a paniqué. »

Nick Pope, qui fut « Senior Executive Officer » au sein du ministère de la Défense britannique, ce qui correspond au grade militaire de lieutenant-colonel, est bien placé pour parler du phénomène ovni et de la position de la Grande-Bretagne face à ce dossier. De 1991 à 1994, il a eu accès à des informations secrètes, et les nombreux cas d'observations sans explications rationnelles dont il a eu connaissance l'ont convaincu. Il a publié le livre *Open Skies, Closed Minds* (Ciel ouvert, esprits fermés), ce qui a rendu furieux ses supérieurs hiérarchiques, mais il n'a pas changé sa position. Il a fini par démissionner à grand bruit du ministère en 2007. On peut ainsi constater que, dans chaque pays, des personnalités responsables se révoltent contre le laxisme des gouvernements et n'hésitent pas à « claquer » la porte lorsque la pression augmente pour les faire taire.

Quant à la Russie, en 1991, le KGB a déclassifié cent vingt-quatre pages de documents de « cas d'observations d'événements anormaux sur le territoire de l'URSS », entre 1982 et 1990, couvrant un total de dix-sept régions. La section sibérienne de l'Académie des sciences a privilégié l'hypothèse extraterrestre dans ses travaux, et a diffusé certaines informations sur les études conduites par le KGB, et par les militaires.

Nombre de personnalités officielles ont souvent fait des déclarations concernant les ovnis, dont plusieurs présidents des États-Unis d'Amérique.

Ainsi, Harry S. Truman, qui a déclaré le 4 avril 1950, lors d'une conférence de presse à la Maison-Blanche : « Je peux vous assurer que les soucoupes volantes, si tant est qu'elles existent, ne sont construites par aucune puissance terrestre. »

John F. Kennedy a adressé le 12 novembre 1963 un mémorandum au directeur de la CIA : « Objet : Examen de la classification de tous les dossiers ovni concernant la Sécurité Nationale. » Il demandait de réexaminer les cas les plus menaçants afin de les identifier et d'établir une distinction claire entre le connu et l'inconnu. « Une fois ces données examinées, je souhaiterais que vous arrangiez un programme d'échange de données avec la NASA sur ce qui reste inconnu. Ceci aidera les directeurs de mission de la NASA dans le domaine de la défense. Je souhaiterais un rapport préliminaire sur l'examen des données avant le 1er février 1964. »

Une rumeur a beaucoup circulé à partir de témoignages de militaires et d'agents de la CIA à la retraite, selon laquelle le président Dwight D. Eisenhower aurait rencontré une délégation extraterrestre sur une base aérienne américaine en 1954, mais aucune confirmation officielle n'a pu l'étayer.

Gerald R. Ford avait la ferme conviction que le public américain méritait « une meilleure explication que celle donnée jusqu'ici par l'armée de l'air » et recommandait

« fortement la création d'une commission d'enquête sur le phénomène ovni. Il s'agit là de notre devoir envers le peuple afin de renforcer notre crédibilité face au phénomène ovni et faire la plus grande lumière possible sur ce sujet ».

Avant son élection, Jimmy Carter déclarait : « Si je suis élu président, je ferai en sorte que toutes les informations détenues par ce pays sur les observations d'ovnis soient disponibles pour le public et les scientifiques. Je suis convaincu que les ovnis existent parce que j'en ai vu un. »

Le 21 septembre 1987, alors qu'il n'était que gouverneur de Californie, au cours de la 42e Assemblée Générale des Nations unies, Ronald W. Reagan avançait : « Dans notre obsession, avec les antagonismes du moment, nous oublions souvent les liens unissant tous les membres de l'humanité. Peut-être avons-nous besoin de quelque menace universelle extérieure afin que nous puissions mettre ce lien en lumière. » Pendant sa campagne présidentielle, il posa la question : « Une force extraterrestre n'est-elle pas déjà parmi nous ? »

Un autre président, mais de l'URSS, Mikhaïl Gorbachev, affirma le 16 février 1987 lors d'un discours officiel au Kremlin : « Le phénomène ovni existe vraiment et il doit être traité sérieusement.[4] »

Quant à Robert F. Kennedy, il était un membre actif de l'Amalgamated Flying Saucers Association, ce qui montre à quel point il était intéressé par le phénomène des soucoupes volantes. Le 9 mai 1968, il écrivit à M. Gray Barker, directeur des Saucerian Publications : « Le docteur

---

4. Rapporté par le journal *Jeunesse Soviétique*, 4 mai 1990.

Harlow Shapley, éminent astronome, a déclaré qu'il est probable que la vie existe ailleurs dans l'univers. Je souhaiterais qu'on fasse plus de recherches en la matière, et j'espère qu'une fois pour toutes, nous pourrons établir la vérité sur les soucoupes volantes. Votre revue peut encourager davantage d'enquêtes et d'expertises sur ce phénomène par la publication d'informations et de débats sur les documents. Ceci peut contribuer largement à ouvrir la voie vers la connaissance d'un des sujets les plus fascinants de notre monde actuel. »

En France, après une vague d'observations en 1974, Robert Galley, alors ministre de la Défense, accepta de participer à une série d'entretiens radiophoniques sur France Inter, menés par Jean-Claude Bourret, incluant des rapports de témoins et les déclarations de trois astrophysiciens français qui étudient le phénomène ovni depuis de nombreuses années, Pierre Guérin, Claude Poher et Jacques Vallée, lequel travaille surtout aux États-Unis.

« Je dois dire que si les auditeurs pouvaient voir par eux-mêmes la masse de rapports arrivant de la gendarmerie chargée de mener les enquêtes, que nous faisons tous suivre au Centre National des Études Spatiales, ils verraient alors que tout cela est assez troublant. Je crois que l'attitude d'esprit que l'on doit adopter vis-à-vis de ces phénomènes doit demeurer ouverte, c'est-à-dire qu'elle ne consiste pas à nier *a priori*. Nos ancêtres ont nié des quantités de choses qui nous paraissent aujourd'hui parfaitement élémentaires, qu'il s'agisse de la piézo-électricité, de l'électricité statique, sans parler d'un certain nombre de phénomènes liés à la biologie. En fait, tout le développement de la science consiste à ce qu'à un instant déterminé, on s'aperçoive que cinquante ans auparavant on ne savait rien et qu'on ne comprenait rien à la réalité des phénomènes. »

De même, le sénateur Barry Goldwater, général de brigade de réserve de l'US Air Force et candidat à la présidence, a déclaré : « Je crois vraiment qu'il y a des extraterrestres dans l'espace. Ils ne nous ressemblent peut-être pas, mais j'ai le sentiment très fort qu'ils se sont développés bien au-delà de nos capacités mentales. [...] Il est vrai que l'on m'a refusé l'accès d'un complexe sur la base de Wight-Patterson à Dayton dans l'Ohio, et je n'ai jamais pu y pénétrer. Je ne peux donc pas vous dire ce qu'il y avait à l'intérieur. Nous connaissons les rumeurs concernant un ovni capturé avec son équipage. Je n'ai jamais vu ce que j'appellerais un ovni, mais j'ai des amis intelligents qui en ont vu. [...] Je crois les rapports des pilotes civils, de l'armée de l'air et de la Marine qui ont raconté qu'un ovni avait volé près d'eux, juste à côté de leur avion, et s'est ensuite éloigné à des vitesses incroyables. »

En 1960, dans une lettre adressée au Congrès et rapportée par le *New York Times*, l'amiral Roscoe H. Hillenkoetter, premier directeur de la CIA signalait : « Il est grand temps que le Congrès fasse éclater la vérité grâce à des auditions publiques. En cachette, des officiers supérieurs de l'armée de l'air s'occupent sérieusement des ovnis. Mais, sous prétexte de secret officiel et de ridicule, de nombreux citoyens sont amenés à croire que les ovnis sont des absurdités. »

En 1986, dans l'*International UFO Reporter*, l'amiral Delmer S. Fahrney, responsable des missiles de l'U.S. Navy, disait à son tour : « Il existe des objets qui rentrent dans notre atmosphère à très hautes vitesses. Aucune Agence américaine ou russe n'est capable pour l'instant de reproduire les vitesses et les accélérations que ces objets volants sont capables d'atteindre d'après les indications des radars et des observateurs. [...] La manière dont ils changent de position en formation entre eux indique que leurs mouvements sont dirigés. »

Monsignor Corrado Balducci, expert en théologie et en exorcisme du Vatican, récemment décédé, fit plusieurs interventions à la télévision italienne en 1998, pour déclarer que le contact avec les extraterrestres était un phénomène réel. « [...] Ces êtres existent, cela ne peut plus être mis en doute ! Ces rencontres extraterrestres ne sont pas démoniaques, elles ne sont pas le fait de désordres psychologiques, elles ne sont pas des cas de possession, mais elles méritent d'être étudiées soigneusement. »

Paul Hellyer, qui fut ministre de la Défense du Canada de 1963 à 1967, a fait la une des journaux et des magazines lorsqu'il a proclamé devant une large audience : « Les ovnis sont aussi réels que les avions qui volent au-dessus de votre tête. [...] Le moment est venu de révéler qu'il existe des civilisations extraterrestres qui visitent la Terre ! [5] »

Nombre de scientifiques de très haut niveau n'ont pas hésité à affirmer l'existence d'extraterrestres.

En janvier 1981, alors qu'il travaillant dans son jardin, à Trans-en-Provence, Renato Niccolai vit atterrir dans le plus grand silence un curieux engin de forme ovoïde d'environ 1,50 m d'épaisseur. L'ovni stationna quelques

---

5. Discours à l'université de Toronto, 25 septembre 2005.

instants puis décolla en faisant entendre un léger sifflement. La gendarmerie photographia les empreintes au sol d'un anneau circulaire large de 10 cm et d'un diamètre intérieur de 2,20 m [6].

Opérant pour le compte du Centre National d'Études Spatiales, le professeur de biologie Michel Bounias, de l'Inra (Institut scientifique de recherche agronomique), analysa une série de prélèvements à plusieurs distances de l'épicentre qui lui ont permis de constater des altérations biologiques sur les plantes qui ne pouvaient être provoquées que par l'action d'un champ électromagnétique ou gravitationnel. Cette étude écarta toute hypothèse de pollution chimique évoquée par les contradicteurs. Lorsque cette étude fut publiée, malgré l'autocensure des médias qui évitent parfois de relayer les dépêches de l'AFP, l'opinion publique prit néanmoins conscience de la réalité du phénomène ovni.

Le docteur Hermann Oberth, l'un des pères des fusées, a attendu d'avoir pris sa retraite pour affirmer en 1960 : « Les ovnis sont conçus et dirigés par des êtres de la plus haute intelligence [...]. Il n'y a aucun doute dans mon esprit, ces objets sont des sortes de vaisseaux interplanétaires [...]. Je crois que des Intelligences extraterrestres observent la Terre et nous visitent depuis des milliers d'années. »

En 1997, lors d'une émission télévisée en Suisse au sujet du vol Apollo 11, le docteur Dino Dini, ingénieur spatial de la NASA, a affirmé : « Ce qu'Armstrong a vu était réel. Partout où règne la confusion, au cours de la

6. Note technique CNES/GEPAN n° 17.

dernière guerre, pendant la guerre du Golfe, partout où le chaos se déclenche, apparaissent ces disques volants. Ceux-ci proviennent de stations postées près de la Terre [...]. Neil Armstrong (le premier astronaute à poser pied sur la Lune) a vu des objets qui le suivaient, des vaisseaux spatiaux qui suivaient Apollo, et aussi des êtres vivants. Des vaisseaux ont également suivi les autres missions Apollo. C'est là une réalité attestée. C'est nous qui en avons entravé le discours global, car nous avions reçu des instructions en ce sens. Nous étions effrayés au plus haut point lorsque nous avons compris l'énorme différence qu'il y avait entre notre technique, notre science et celle des ovnis. Il est donc évident que cela nous a amenés à donner des avis négatifs, dans leur globalité. Indéniablement, le fait décevant est que nous n'avons pas d'explications car notre science est encore pratiquement primitive en comparaison de celle de ces planètes d'où proviennent ces vaisseaux spatiaux ».

Pour le docteur Lee Katchen, physicien de la NASA, qui a examiné plus de sept mille rapports : « Les observations d'ovnis sont si communes que les militaires n'ont pas le temps de s'en occuper. Donc, ils les effacent de leurs écrans. Les principaux systèmes de défense (réseau Sage) ont des filtres ovni intégrés et quand un ovni apparaît, ils l'ignorent simplement.[7] »

Dans un mémorandum déclassifié par le gouvernement canadien et daté du 21 novembre 1950, Wilbert Smith, qui dirigea le projet Magnet dont le but était de rechercher le mode de propulsion des ovnis basé sur le magné-

7. Colloque de Pocantico (New-York), 29 septembre – 4 octobre 1997.

tisme, écrivait : « Le sujet est de la plus haute confidentialité pour le gouvernement des États-Unis, plus secret même que la bombe H. Les soucoupes volantes existent et leur mode de fonctionnement est inconnu. »

Stephen Hawking, déjà cité, a annoncé à la télévision américaine : « Bien entendu, il est possible que les ovnis contiennent réellement des extraterrestres comme le pensent beaucoup de personnes, et que le gouvernement étouffe l'affaire.[8] » Il ne nie donc pas la réalité des ovnis et se pose des questions sur leurs habitants, comme sur la désinformation occasionnée par les gouvernements. Il est difficile de trouver de caution plus crédible. Il a ensuite déclaré : « La vie dans les autres systèmes solaires est soit plus primitive, soit plus avancée que la nôtre », ce qui admet aussi la vie ailleurs que sur la Terre, n'en déplaise à nos « rationnalistes » bornés.

Parmi tous les témoignages, il est évident que les pilotes et les astronautes apportent des preuves indéniables.

Scott Carpenter qui a participé au programme Mercury a déclaré : « À aucun moment, alors qu'ils étaient dans l'espace, les astronautes n'étaient seuls : ils étaient surveillés en permanence par les ovnis. »

Devenu sénateur, le premier astronaute américain, le colonel John Glenn, a avoué qu'il était très mal à l'aise lorsqu'on lui demandait de dire certaines choses et d'en démentir d'autres. « Certaines personnes nous demandaient si nous étions seuls là-haut ? Nous n'avons jamais répondu la vérité, et cependant nous avons vu des choses,

8. Conférence au second Millennium Evening de la Maison Blanche, 6 mars 1998.

des choses étranges là-haut. Et nous ne pouvions réellement rien dire. Nos supérieurs avaient vraiment très peur de cela, ils avaient peur d'un truc du genre de la guerre des mondes, et de la panique générale dans les rues. Donc, nous devions rester silencieux.[9] »

Gordon Cooper fut le premier à participer à un second vol orbital en tant que commandant de Gemini 5, pour une mission de huit jours, ce qui était un record de durée. Il contribua également aux missions Gemini 12 (en tant que pilote) et Apollo X (en tant que commandant). Il totalisait plus de 7 000 heures de vol sur des avions militaires et commerciaux et 225 heures de vols spatiaux. Cooper quitta la NASA et l'US Air Force en 1970 avec le grade de colonel.

Il déclara avoir vu des ovnis dans les années cinquante en tant que pilote de chasse : « Pendant plusieurs jours, nous avons observé des engins métalliques en forme de soucoupes, à de très hautes altitudes au-dessus de la base, et nous avons essayé de nous rapprocher d'eux, mais ils étaient capables de changer de direction beaucoup plus rapidement que nos chasseurs. Je crois vraiment que les ovnis existent et que les véritables cas inexpliqués proviennent d'une autre civilisation technologiquement plus avancée que la nôtre. »

Trente ans plus tard, en 1985, dans une déclaration solennelle aux Nations unies à New York, il répétait que les vaisseaux extraterrestres et leurs équipages visitant la Terre à partir d'autres planètes étaient technologiquement plus avancés que les humains. Selon lui, nous avions besoin d'un programme coordonné pour collecter et analyser

9. Chaîne américaine *NBC*, 6 mars 2001.

scientifiquement les données de l'ensemble de la planète sur les différents types de rencontres, afin de déterminer comment interagir au mieux avec nos visiteurs d'une manière amicale. « Nous devrions tout d'abord leur montrer que nous avons appris à résoudre nos problèmes de manière pacifique plutôt que par la guerre, avant d'être acceptés en tant que membres à part entière de l'équipe universelle. Cette admission offrirait à notre monde de fantastiques possibilités de progrès dans tous les domaines. [...] Pendant des années, j'ai vécu avec un secret, le secret imposé à tous les spécialistes et les astronautes. Je peux maintenant révéler que chaque jour, aux États-Unis, nos radars repèrent des objets de forme et de nature inconnues. Et il y a des milliers de rapports de témoins et quantité de documents qui le prouvent, mais personne ne veut les rendre publics. Pourquoi ? Parce que les autorités ont peur que les gens imaginent une espèce d'horribles envahisseurs. Donc le maître mot demeure : nous devons éviter la panique à tout prix.[10] »

L'astronaute Edgar D. Mitchell, qui a piloté le module lunaire d'Apollo 14, a déclaré en 1971 qu'il avait toujours été convaincu qu'il existe d'autres formes de vie dans l'univers et que la seule question à se poser était de savoir quel est leur degré de développement : « Nous savons tous que les ovnis sont réels. La question est : d'où viennent-ils ? » D'après lui, les preuves sont formelles et beaucoup d'entre elles sont classées « Top-secret » par le gouvernement américain. Il pense « qu'une parcelle seulement des infor-

10. *UFO Universal Magazine*, nov 1988 (vol 1 – n° 3).

mations circulant actuellement sont valables et qu'il existe une masse de données dix fois plus importantes ».

Le cosmonaute russe Georgiy M. Grechko, qui a participé à plusieurs missions Soyuz et Salyut, a déclaré à son tour : « Si j'étais libre de dire ce que j'ai vu dans l'espace, le monde en serait stupéfait. » Nombre d'astronautes soviétiques ont vu des ovnis dans l'espace, entre autres le général Vladimir Kovalenov, Konstantin Feoktistov, Vladimir Mikhaïlovitch Komarov et Alexander Yegorov et plus tard, Yuri Romanenko, Oleg Atkov ou Vladimir Soloviev.

Les pilotes civils ne sont pas absents de la liste. Le commandant J. Howard a notifié qu'il avait vu un immense cigare volant accompagné de dix soucoupes volantes, et le commandant W.B. Nash, pilote de Pan American Airways, a vu et observé six gros disques volants. Il pense que ces engins étaient commandés par des Intelligences extraterrestres.

Cette liste, pourtant longue, semble non exhaustive et pourrait durer des pages et des pages. Ils sont des centaines d'aviateurs qui ont osé crier tout haut leur certitude que nous sommes visités par des extraterrestres, et ces témoignages devraient inciter nos gouvernements à ne plus essayer de le cacher, malgré leur peur de déclencher une panique générale.

Dick D'Amato, spécialiste de la sûreté nationale et internationale pour le sénateur Robert Byrd et membre du Conseil National de la Sécurité aux États-Unis, a reconnu qu'un ovni s'est bien écrasé à Roswell [11]. En 1991,

---

11. Voir la vidéo de la conférence de Gildas Bourdais sur les « 60 ans de l'affaire Roswell », mise en ligne en 2007 par le G.E.E.S.A. (Groupe européen d'études sur les sciences avancées).

il a expliqué qu'une « faction occulte du gouvernement, d'une puissance incroyable, a tenu secrètes les informations sur les ovnis et a dépensé illégalement d'énormes sommes d'argent dans cette opération ».

Werner Von Braun, qui a contribué au développement des fusées V2 en Allemagne et plus tard au programme spatial américain pensait que « nous nous trouvons face à des puissances qui sont beaucoup plus fortes que nous ne l'avions jusqu'ici assumé, et dont la base est en ce moment inconnue de nous ». Il ajoutait qu'il ne pouvait alors en dire plus. En 1997, il espérait que nous pourrions entrer en contact plus proche avec ces puissances dans un délai de six ou neuf mois après cette date, et qu'il serait alors possible de parler avec plus de précision sur la question[12]. Il était alors plein d'illusions.

Le 14 juillet 1986, trois mille personnes ont pu voir un disque au-dessus de la baie de Pollensa, à Majorque, tous les journaux locaux en ont parlé, et personne n'oserait dire qu'elles étaient toutes sujettes à une illusion.

En résumé, depuis 1947, on a recensé 150 millions de personnes ayant été témoins d'apparitions d'ovnis, dont 120 000 cas ont été étudiés. Parmi ces cas, 20 000 relatent des atterrissages et 3 500 photos ont été répertoriées. On a également catalogué 4 000 traces d'atterrissages dont la majorité d'entre elles étaient associées à des effets singuliers sur la végétation, comme cela s'est passé à Trans-en-Provence.

12. Colloque de Pocantico (New-York), 29 septembre – 4 octobre 1997.

Aussi, ceux qui nient ces phénomènes sont ou particulièrement désinformés ou totalement obtus. Quant aux scientistes qui prétendent encore que notre Univers consiste uniquement en ce que nous pouvons voir et toucher, qui refusent d'admettre qu'il puisse exister d'autres univers ou d'autres dimensions tout près de nous et qui ricanent lorsqu'on mentionne ces autres dimensions, uniquement parce qu'ils sont incapables de les mesurer dans leurs laboratoires et refusent d'admettre cette incapacité, ils devraient savoir que la science ne peut plus se vanter de détenir la vérité dans tous les domaines.

L'expérience démontre que l'Univers ne peut plus être perçu comme le prévoyait la science du XIXe siècle. Les structures que nous considérions à cette époque comme indivisibles nous révèlent aujourd'hui de nouvelles structures. Les récents télescopes, sans cesse plus performants, nous font découvrir des milliers de galaxies supplémentaires, et les limites que nous assignions à l'Univers reculent sans cesse, autant sur le plan macrocosmique que microcosmique, mais la vision que nous en avons est restreinte par notre rationalité.

L'ufologue et auteur français Gildas Bourdais, réputé pour son sérieux, collabore également à diverses revues et conférences ufologiques internationales. Ses ouvrages font le point sur la recherche actuelle. Il résume ainsi le problème des ovnis : « À quoi devons-nous nous attendre ? Le monde contemporain traverse une crise de pessimisme. Or, nous vivons peut-être aujourd'hui le début d'une nouvelle étape, d'une nouvelle mutation cosmique, d'ampleur comparable à celle de la révolution amorcée par Copernic et Galilée : c'est maintenant la prise de conscience de la fin de notre « solitude » cosmique. Peut-être va-t-il nous falloir apprendre à vivre dans un univers beaucoup plus étrange et complexe qu'on ne l'avait, il y a peu encore, imaginé. »[13]

13. *Visions célestes. Visions cosmiques*, 2007, Le temps présent (JMG).

Les crânes de cristal

J'estime pour ma part que les crânes de cristal ne sont pas seulement là pour partager des sagesses et des savoirs anciens, mais aussi pour aider à l'élévation spirituelle de notre race et à une meilleure compréhension de ce que nous sommes.

Joshua SHAPIRO.

IL EST DIFFICILE de discourir sur 2012 sans évoquer aussi les « crânes de cristal ». Selon la légende, ces crânes auraient été apportés par les Itzas, venus de l'Atlantide, qui les tenaient d'un peuple arrivé du ciel. L'Atlantide était connue des Mayas qui l'appelaient « Atlantiha » dans leur langue. Ce mythe, révélé par le *Timée* de Platon et les anciens textes sumériens, se retrouve dans la tradition orale de tous les peuples amérindiens. Ainsi, à Tula, l'ancienne cité des Toltèques vieille de plus de mille ans, un temple est appelé « Temple des Atlantes ». Derrière ce temple qui reste un mystère pour les archéologues, un mur est dédié aux « Atlantes » et il est orné de bas-reliefs qui représentent une série de serpents avec un crâne humain à la place de la tête.

D'après la tradition maya, il existerait treize crânes de cristal qui se trouveraient à présent disséminés à travers la planète et renfermeraient d'importantes informations sur les origines de l'humanité, son destin et les mystères de la vie dans l'univers. En outre, ces crânes pourraient parler, chanter, et même guérir. Il est certain qu'au cours de leurs cérémonies, les prêtres mayas utilisaient des crânes en les faisant « parler » pour prévoir l'avenir. Les descendants des Mayas estiment que ces crânes sont un moyen de communiquer avec d'autres dimensions, avec le monde des esprits et les ancêtres.

Les treize crânes de cristal auraient été conservés dans une grande pyramide appelée « Arche » par les Olmèques, puis les Mayas et enfin par les Aztèques, qui seraient responsables de la dispersion des crânes après la conquête espagnole, car ils savaient que les crânes devaient rester séparés, leur pouvoir étant trop puissant pour être utilisé par l'homme.

Selon la tradition maya, lorsque le treizième crâne de cristal, seul crâne masculin, sera découvert, il annoncera la naissance d'un nouvel âge. Il faudra réunir les treize crânes le dernier jour du calendrier maya, soit le 21 décembre 2012, pour aider Gaia, la Terre, à basculer. Lorsque le temps sera venu, douze personnes en possession de crânes seront guidées dans un endroit que l'on pense être le Yucatan. Quant au treizième crâne, le mystère reste complet en ce qui le concerne. Toutefois, certains médiums pensent que ce « Crâne-maître » est la clé qui permettra d'activer les informations contenues dans les douze autres et de nous donner ainsi accès à une civilisation nouvelle. Quelques-uns pensent qu'il se trouve en Égypte, sous la patte droite du Sphinx.

Les Mayas sont considérés par la plupart des autres tribus indiennes non seulement comme les « gardiens du temps », mais aussi comme les « gardiens des crânes », avec pour mission de préserver la connaissance des crânes de cristal qui contiendraient d'importantes informations sur les origines de l'humanité et correspondraient à nos ordinateurs actuels dans lesquels une petite puce en cristal de silicium assure la fonction mémoire de l'ordinateur.

Le cristal occupe une place importante chez les occultistes qui le considèrent comme un excellent moyen d'entrer en contact avec l'invisible. Dans certains cas, il pourrait, comme un prisme, être capable de renvoyer des images holographiques. Dans notre monde de matière, il est largement utilisé dans de très nombreuses techniques de pointe pour communiquer avec le visible. Le quartz piézo-électrique brut est réputé être un oscillateur, un amplificateur électronique naturel, qui permet de faire marcher les montres, les radars et sonars, les systèmes de télécommunication, à peu près tous les instruments électriques ou électroniques, ainsi que les transpondeurs ou micropuces dont l'usage se répand pour l'identification des humains. La piézo-électricité permet de transformer une onde en courant électrique, et *vice-versa,* dans le tenseur fondamental du noyau de la cellule.

Cependant, bien qu'un morceau de dioxyde de silicium piézo-électrique d'origine naturelle puisse stocker l'information comme une puce de cristal de silicium, aucun scientifique n'est parvenu à imaginer un moyen d'introduire des informations dans un morceau de quartz pur pour les récupérer ensuite. Le seul moyen d'extraire l'information d'un morceau de quartz naturel comme le crâne de cristal serait la communication directe avec l'esprit humain.

Toujours d'après la légende, les crânes de cristal anciens dateraient de plus de cinq mille ans, mais il est techniquement impossible que ces crânes aient été façonnés par des peuples qui ne possédaient pas les outils nécessaires pour confectionner de tels objets car ce travail leur aurait demandé plusieurs centaines d'années de labeur acharné et personne ne peut sculpter cette matière à la main. Certains crânes ne présentent aucune trace d'instrument et leur finition est cependant parfaite. En outre, les sculpteurs de cristaux actuels tiennent toujours compte de l'axe moléculaire du cristal, car s'ils le taillent à rebours, le cristal se brise systématiquement, même avec le laser ou d'autres méthodes modernes de découpage. Or, plusieurs crânes connus ont été taillés sans tenir compte de l'axe naturel du cristal.

Il existe actuellement deux sortes de crânes de cristal : les contemporains, sculptés au Mexique, Brésil, Allemagne et Népal, qui sont de plus en plus nombreux, et ceux qui auraient été découverts près de sites anciens, dont la plupart ont une taille humaine. De très beaux crânes de cristal ont été fabriqués en Allemagne, au XIXe et XXe siècles. Sept crânes ont fait leur apparition depuis le début du siècle dernier. Il n'existe actuellement aucun moyen de dater ces crânes et le carbone 14 ne peut être utilisé que pour les matières organiques et non le cristal.

Le plus remarquable des crânes répertoriés est sans doute celui d'Anna Le Guillon Mitchell-Hedges, décédée en 2007 à plus de cent ans, et qui appartient à présent à sa famille au Canada.

Anna Mitchell-Hedges a soutenu tout au long de sa vie qu'elle l'avait découvert en 1924 à dix-sept ans, alors qu'elle accompagnait son père adoptif, l'explorateur et anthropologue anglais Frederick Mitchell-Hedges, au Honduras. Ce crâne est la reproduction quasi parfaite d'un crâne féminin. Il a été taillé dans un très grand bloc de cristal de roche extrêmement pur ; il mesure environ 12 cm de haut, 17 cm de long et 12 cm de large, et pèse cinq kilos. Il est composé de deux morceaux provenant du même bloc, et la mâchoire inférieure, indépendante, s'ajuste exactement à la partie supérieure.

Le crâne possède des propriétés optiques surprenantes. Lorsqu'on l'éclaire par-dessous ou par l'arrière, la lumière ressort par les orbites, le nez et la bouche. Il ne porte aucune trace d'instrument, ni de marque microscopique quelconque. Avec la technologie moderne, il faudrait un an de travail pour obtenir cet aspect extérieur, mais on trouverait alors des traces d'usinage, ce qui n'est pas le cas. Quant à la fabrication manuelle, il aurait fallu que plusieurs générations successives consacrent chaque jour de leur existence à le polir patiemment avec du sable. On l'appelle « The Skull of Doom », c'est-à-dire le « Crâne du destin ».

Il est curieux qu'aucune publicité n'ait été accordée à cette découverte lorsqu'elle a eu lieu. Et ceux qui participèrent à cette expédition ont toujours déclaré à l'unisson que Mitchell-Hedges n'exhuma pas ce crâne là où il le prétend. D'après sa famille et ses amis, il n'en parla qu'à partir de 1943, ce qui ferait penser qu'il l'a acheté à cette époque lors d'une vente à Londres chez Sotheby's et que le vendeur était Sidney Burney, un marchand d'art anglais qui avait lui-même pris part à l'expédition.

Cette hypothèse est confirmée par une lettre écrite le 21 mars 1933 par Sydney Burney à George Vaillant du musée américain d'Histoire Naturelle qui indique clairement que Burney était propriétaire du crâne à cette époque et qu'il l'avait acheté à un collectionneur dont il ne mentionnait pas le nom.

En juillet 1936, le journal anglais d'anthropologie *Man* se contenta de signaler que le crâne « était en possession de M. Sydney Burney, un marchand d'art londonien ».

Pour sa part, Mitchell-Hedge signala officiellement l'existence de ce crâne pour la première fois dans la première édition de son autobiographie [1], en 1954, en précisant qu'il avait ses raisons de ne pas révéler comment il était entré en possession de l'objet. Il s'est alors contenté d'écrire qu'il avait « au moins 3 600 ans, et d'après la légende, il était utilisé par le Grand Prêtre maya lors de rites religieux ». Les éditions suivantes de l'ouvrage ne font aucune allusion à ce crâne.

Malgré l'absence de preuves de sa présence à Lubaantun quand la découverte a soi-disant été faite, Anna Mitchell-Hedges a maintenu que si Burney avait été en possession de la pièce, c'était parce que son père la lui avait prêtée, en attendant de pouvoir payer une somme d'argent qu'il lui devait. Si c'est le cas, il est permis de se demander pourquoi son père n'a pas simplement remboursé Burney au lieu de faire une offre dans une vente aux enchères.

---

1. *Danger, My Ally: The Amazing Life Story of the Discoverer of the Crystal Skull,* London, Elek Books, 1954.

Quoi qu'il en soit, en 1970, Anna laissa Frank Dorland, un tailleur de cristal, examiner son crâne. Dorland déclara qu'il était excellent pour la divination et qu'il émettait des sons et de la lumière en fonction de la position des planètes. Il prétendit que le crâne provenait de l'Atlantide et avait été transporté par les Templiers pendant les croisades.

Il affirma qu'il a été examiné dans un laboratoire de Hewlett-Packard. Selon les spécialistes de la firme, même avec nos outils, une pièce aussi minutieuse et fragile se serait brisée sous les effets des vibrations et de la chaleur car elle a été façonnée « contre le grain », donc à l'encontre de l'axe naturel du cristal. En outre, il n'existe aucune rayure microscopique sur le cristal qui indiquerait que celui-ci a été taillé à l'aide d'instruments métalliques et, sans cette trace, il est impossible de dater sa fabrication car le cristal ne vieillit pas, ne se corrode pas, ne s'use pas. Ainsi, *vice-versa*, un crâne pourrait dater de plusieurs centaines, voire de milliers d'années, et sembler neuf. C'est pour cette raison qu'on ne peut le dater au carbone 14. Quant à la structure interne du crâne, elle n'a pu être découverte que par agrandissement sous une lumière polarisée.

L'archéologue Andrew Rankin atteste que le crâne est sculpté dans le même cristal que le gobelet de la tombe n° 7 à Monte Albán, laquelle est incontestablement ancienne.

Un exemple parfait de ce genre de travail est fourni par les fouilles menées à Babylone et Ninive au milieu du XIXe siècle par l'archéologue anglais Sir John Layard. Lorsqu'il découvrit la salle du trône du roi Sargon, il trouva une lentille de cristal de roche qui se trouve à présent au British Museum et qui est datée de 721-705 avant J-C. On la considère comme la première lentille convexe avec une base plane [2]. Or, elle fut polie avec une technique que l'on ignorait jusqu'en 1900. Nombre d'archéologues connaissent l'existence d'autres lentilles dans l'Antiquité. On en a découvert en Crète, au Moyen-Orient et dans le bassin méditerranéen.

Dorland pense que le travail de finition pourrait avoir été mené avec minutie grâce à une solution de sable de silicium et d'eau mais, dans ce cas, ce travail aurait demandé environ trois cents ans d'effort pour un homme seul.

Le docteur Clyde Snow, anthropologiste de l'université d'Oklahoma, qui a étudié le crâne, pense qu'il ne s'agit pas de la création d'un artiste mais de la copie exacte d'un crâne de jeune femme. Cette théorie a été confirmée par Peggy C. Caldwell, qui travaille en collaboration avec le département d'anthropologie du Smithsonian Institute et le détective Frank Domingo, de la police de New York, qui façonne des reconstitutions humaines. Il s'avéra que le crâne était celui d'une femme de type amérindien, mais qui « n'appartenait à aucune race humaine connue à ce jour ».

Le crâne qui fut longtemps appelé « crâne du musée de l'Homme » et qui était conservé au Palais de Chaillot se trouve désormais au musée du quai Branly, ouvert en 2006. Il est en quartz limpide d'une grande pureté, comme le crâne de Mitchell-Hedges, mais il est beaucoup plus petit et sculpté d'une seule pièce, sa mâchoire n'étant pas séparée du reste du crâne. Il mesure 11 cm de haut, pèse près de

2. George Sines and Yannis A. Sakellarakis, *American Journal of Archaeology*, (vol. 91, no. 2, April 1987).

2,750 kg et a la particularité d'être traversé de haut en bas par un orifice de forme biconique, ce qui indiquerait qu'il a été fait à la main.

Eugène Boban-Duvergé travaillait à la Commission scientifique pendant l'occupation française sous le règne de l'empereur Maximilien (1862-1867), et ses fonctions officielles d'« antiquaire commissionné de l'empereur Maximilien » lui auraient permis de réunir d'importantes collections d'antiquités, dont certains crânes de cristal trouvés dans les ruines méso-américaines. L'ensemble rapporté en France fut exposé en 1867 au ministère de l'Instruction Publique.

Après la clôture de l'exposition, l'ensemble fut acheté par l'explorateur et collectionneur Alphonse Pinart, ami du directeur fondateur du musée d'Ethnographie du Trocadéro, Etienne-Théodore Hamy. En 1878, à l'occasion de l'inauguration du musée, Pinart lui offrit sa collection, qui comprenait 3 146 pièces américaines et 250 d'Océanie.

Ce crâne, sculpté dans un bloc de cristal de roche transparent, enregistré sous le n° 57 de la collection américaine, a fait l'objet de plusieurs publications et a été régulièrement prêté pour des expositions temporaires en France et à l'étranger. Selon Jacques Lévine, conservateur de la collection américaine du musée de l'Homme, il a longtemps été considéré comme un chef-d'œuvre aztèque représentant Mictecacihuatl, divinité de la mort, mais même si les conclusions définitives n'ont pas encore été rendues publiques, il est désormais rangé parmi les imitations fabriquées au XIXe, soit en Allemagne à partir de quartz brésilien, soit, selon le British Museum, au Mexique à l'ère coloniale pour servir de base à des croix catholiques.

Le crâne dit « du British Museum » n'est pas translucide mais opaque et semble ne pas avoir été terminé, et il comporte des traces de meules. Il aurait été trouvé ou acheté au Mexique par un mercenaire espagnol, puis il fut acquis par le joaillier new-yorkais Tiffany, qui le vendit ensuite en 1898 au musée pour la somme de 120 livres. Le British Museum l'acheta pour l'exposer comme artefact précolombien. Depuis la fin des années 1990, il est considéré comme l'une des imitations provenant également d'Eugène Boban, qui l'avait tout d'abord proposé sans succès au Smithsonian Institute.

En 2004, le professeur Ian Freestone, de l'université de Galles à Cardiff, examina le crâne et conclut qu'il avait été poli avec une meule, instrument que les Aztèques ne connaissaient pas, ce qui lui a permis d'affirmer que le crâne était moderne ou en tout cas d'origine post-colombienne. Toutefois, le professeur Michael D. Coe, professeur émérite d'anthropologie à l'université de Yale, a déclaré que les marques de meules ne prouvent pas que l'objet est moderne car de nouvelles recherches contredisent ce dogme. On a, en effet, découvert des objets d'obsidienne datés de l'époque aztèque qui ont été fabriqués en utilisant des outils à roulettes. D'après Chris Morton et Ceri Louise Thomas, auteurs du livre *Le Mystère des crânes de cristal* [3], le professeur Coe aurait affirmé : « Ceux qui trônent dans les laboratoires scientifiques sont loin de connaître tout ce qui concerne la culture qu'ils étudient. Nous ne savons pas la moitié de ce que nous croyons savoir sur ces cultures primitives. Ces gens devraient réexaminer leurs croyances. »

3. *Le Mystère des crânes de cristal*, Le Rocher, 1999.

Le crâne du Smithsonian Institute à Washington est le plus grand crâne connu et mesure 25,5 cm sur 22,5 cm. Il est aussi le plus lourd et pèse 14 kg. Il n'est pas transparent, mais opaque. Il comporte également des traces de meule. Sa mâchoire est solidaire du crâne, qui est creux avec des orbites vides à la façon d'un vrai fossile. Il fut offert en 1990 par un particulier qui en aurait fait l'acquisition au Mexique, au cours des années soixante.

Parmi les crânes des collections privées, on trouve celui de Nick Nocerino, grand spécialiste de la question qui a créé, en 1944, la Société Internationale des crânes de cristal dans les États de New York et de Californie, afin d'enquêter sur le sujet. Il a étudié les crânes de cristal pendant plus de cinquante ans et ses facultés psychiques lui ont permis d'aider la police dans des affaires criminelles.

Selon Chris Morton et Ceri Louise Tomas, durant la dernière guerre mondiale, Nick Nocerino s'était engagé dans les Marines et avait débarqué en France, alors que les Allemands l'occupaient encore. Un jour, il s'était trouvé dans une ferme avec un de ses camarades et portait alors au cou un petit cristal que lui avait offert sa grand-mère. Aussitôt que le fermier l'aperçut, il alla chercher un paquet qu'il déposa devant Nick Nocero et déballa avec le plus grand soin. C'était un superbe crâne de cristal translucide, de grandeur nature.

Nocero prit le crâne entre ses mains. « Mon énergie se mit à faire d'étranges choses », avoua-t-il alors. Le fermier lui offrit le crâne et le pria de partir au plus vite car la Gestapo risquait d'arriver d'un moment à l'autre, mais Nick refusa le présent, ne voulant pas s'encombrer d'un tel objet alors qu'il risquait sa vie à tout instant.

Cependant, il découvrit lui-même son propre crâne en 1959, dans un temple mexicain de l'État de Guerrero, au Mexique. « Ne me demandez pas comment je trouve les crânes de cristal. Je sais seulement où ils sont. Comme si c'étaient eux qui me trouvaient », a-t-il déclaré à Chris Morton et Ceri Louise Tomas. Le crâne lui aurait demandé télépathiquement de l'appeler « Sha-Na-Ra ».

Il est en quartz transparent mais de couleur jaunâtre. Pendant des années, jusqu'à sa mort en 2004, Nick Nocero reçut des messages de son crâne et y perçut des visons apocalyptiques de la Terre avec tous les fléaux qui l'ont déjà frappée. Cependant, le crâne lui aurait confié ce qu'il fallait faire pour y remédier.

En 1906, alors que des Mayas pratiquaient des fouilles dans leur propriété au Guatemala, ils mirent à jour un crâne de taille humaine confectionné dans un bloc de quartz trouble, comme fumé, mais différent d'un crâne humain. Il serait ancien et ressemble à une tête d'extraterrestre, d'où son surnom « E.T. » Il fut ensuite acheté dans une boutique de Los Angeles par une Hollandaise qui vit au Costa Rica, Joke van Dieten Maasland, et fait toujours partie de sa collection privée.

Ce crâne aurait un évident pouvoir de guérison. On avait diagnostiqué chez Madame van Dieten une tumeur cérébrale importante peu de temps après qu'elle eut acquis son crâne de cristal. Ses médecins pensaient qu'après deux opérations du cerveau, dans le meilleur des cas, elle resterait sérieusement paralysée. Quelques jours après la dernière opération, Joke quitta l'hôpital pour ne jamais y retourner. Elle est convaincue, aujourd'hui, que le crâne est entré dans sa vie pour l'aider à franchir ce cap difficile. En fait, alors qu'elle se reposait en Suisse, l'infirmière qui la soignait aperçut une forme à l'intérieur du crâne de cristal, située à l'endroit correspondant à l'emplacement de la tumeur de Joke, comme si le mal avait été absorbé par la roche.

Depuis son acquisition de « E.T. », Joke van Dieten a aussi acheté d'autres crânes, Shui Ting Er, découvert en Mongolie, le Luv Skull – un crâne de quartz rose découvert près de Luv, en Russie, dans un site contenant de nombreux artefacts scythes –, et le crâne Jésuite, dont elle pense qu'il est en rapport avec saint François d'Assise. Ce crâne ne mesure qu'un tiers de la taille d'un crâne humain.

La propriétaire d'« E.T. » l'exhibe régulièrement lors de diverses expositions à travers le monde, dont à Vienne en 2001, dans une exposition consacrée aux mystères non élucidés de ce monde.

« Max », appelé aussi « The Texas Crystal Skull », est considéré comme l'un des plus anciens artefacts jamais trouvés sur notre planète. Il est constitué d'un bloc de quartz présentant de nombreuses imperfections qui le rendent impropre aux techniques de taillage moderne. Il pèse plus de 8 kg et a été découvert en 1924 dans une tombe maya au Guatemala. Trente ans plus tard, les prêtres mayas l'ont utilisé pour les rites religieux et la guérison. Ces derniers l'ont ensuite offert à Norbu Chen, un lama guérisseur tibétain des « Chapeaux Rouges » qui travaillait à leur côté. Le lama emporta le crâne lorsqu'il les quitta, après de multiples voyages, pour pratiquer des guérisons à Houston, au Texas, où il a ouvert un centre de soins, la Fondation Chakpouri Ling.

Norbu Chen, qui a étudié en Inde et dans la petite nation asiatique de Sikkim, a rencontré Carl et Jo Ann Parks lorsque leur fille de douze ans était atteinte d'un cancer des os. Aidé de « Max », Norbu Chen fut alors une aide précieuse pour elle, et Jo Ann travailla avec lui comme bénévole pendant plusieurs années. Avant sa mort, Norbu fit don du précieux crâne de cristal aux époux Parks, en leur disant qu'un jour, « quand le moment serait venu », ils connaîtraient la signification du crâne de cristal. Ne sachant qu'en faire, Jo Ann rangea le crâne dans une boîte à chaussures, au fond d'un placard, où il resta près de sept ans. Un jour, d'après Jo Ann, le crâne lui parla dans ses rêves, et lui dit qu'il avait quelque chose d'important à offrir à l'humanité. Il ajouta qu'elle devait « rechercher l'homme ».

Jo Ann ne sut qu'en penser jusqu'au jour où, en 1987, elle vit Nick Nocerino dans une émission sur la parapsychologie à la télévision et comprit à la seconde qu'il était « l'homme » annoncé par le crâne. Elle réussit à le joindre au téléphone et apprit qu'il avait lui-même déjà entendu parler de « Max » et le recherchait depuis 1949.

Dès lors, Jo Ann et Carl Parks travaillèrent avec Nick Nocerino, et participèrent à des manifestations concernant les crânes. Certaines personnes affirment avoir été guéries par « Max », d'autres ont constaté une augmentation de leurs capacités psychiques, d'autres encore reçoivent des informations sur d'autres mondes, entendent des sons extraordinaires et racontent des expériences qui ont transformé leur vie. En sa présence, beaucoup de gens peuvent sentir son énergie et même voir son aura, comme un être vivant.

D'après l'analyse au microscope électronique effectuée par le British Museum, ce crâne n'aurait pas été taillé avec une meule de joaillier ou n'importe quel autre instrument, mais les spécialistes refusent de spéculer sur son origine, et « ne sont pas en mesure de faire des commentaires ».

« Max » a été étudié par toutes sortes de gens : chamans, chefs indiens, parapsychologues, spécialistes des ovnis, et même des avocats, venus du monde entier. La plupart d'entre eux pensent qu'il a été amené par des extraterrestres, d'autres qu'il provient de l'Atlantide et qu'il est programmé comme un ordinateur. Il porterait en lui un savoir passé, comme si le cristal avait emmagasiné des vibrations et des sons environnants que certaines personnes perçoivent en sa présence.

Norma Redo, qui vit à Mexico City, détient le crâne à la croix reliquaire, propriété de sa famille depuis 1840. Ce crâne a bien été fait à la main. Il a dû être taillé quelque temps avant ou peu après la conquête espagnole. Il est plus petit qu'un crâne normal, et ressemble à celui d'un singe. Une croix d'or et de quartz est insérée dans une ouverture au sommet du crâne. Les dents ont été retouchées.

Il porte, gravée, la date de 1571 et a peut-être été utilisé sur l'autel d'une mission catholique. Les ordres religieux comme les Franciscains et les Dominicains prêtaient aux crânes un certain pouvoir. Certains tableaux représentent saint François d'Assise tenant un crâne entre ses mains.

En 1876, le président du Mexique Porfirio Diaz possédait une collection de crânes de cristal sur son bureau, dont deux d'entre eux étaient en quartz d'améthyste. En 1910, après la Révolution mexicaine, le crâne d'améthyste baptisé « Ami » devient la propriété de la famille Lascurian. Plus tard, Francisco Reyes, un prêtre maya, l'acheta à cette famille de Mexico.

Au début des années 1900, alors que des prêtres mayas travaillaient avec une équipe d'archéologues sur le site maya de Copan, au Honduras, l'un d'eux découvrit un crâne de quartz transparent et le cacha au reste de l'équipe. Il fut alors utilisé pour guérir la peste qui sévissait dans un village maya. Ce crâne est taillé à contresens de son axe naturel. C'est encore le prêtre maya Francisco Reyes qui le ramena aux États-Unis. Il fut appelé le « Crâne de cristal maya » et fut étudié par Nick Nocerino. Sa localisation actuelle est inconnue.

Le crâne de cristal rose a été découvert à la frontière du Honduras et du Guatemala. Il est le seul crâne connu qui ressemble à celui de Mitchell-Hedges, mais sa couleur n'est pas aussi claire et il est un peu plus grand, mais tous deux ont une mâchoire indépendante et amovible et tous deux ont été sculptés avec une habileté exceptionnelle.

Ces dernières années, on aurait découvert en Amérique centrale plusieurs crânes de cristal, vraisemblablement sculptés à l'époque précolombienne par des hommes possédant des moyens technologiques « impossibles » en ce temps-là. Certaines légendes concernent des peuples indigènes qui posséderaient des crânes de cristal anciens ayant appartenu à leurs ancêtres et qu'ils cacheraient pour le moment au reste du monde.

En résumé, plus d'une douzaine de crânes sont déjà connus. Parmi ceux-ci, certains auraient des pouvoirs paranormaux, d'autres ne sont pas taillés dans le sens conventionnel, d'autres encore sont très probablement des œuvres récentes, bien que rien ne le prouve de façon absolue.

Frank Dorland a émis l'hypothèse que l'hypothalamus est capable de capter les énergies oscillantes qui émanent des cristaux de quartz, puisqu'il réagit aux impulsions électriques les plus infimes. Il peut donc appréhender un large spectre de messages électromagnétiques émis par un morceau de quartz piézo-électrique que nous ne sommes pas capables de reconnaître consciemment, de la même manière que nous ne percevons pas, par exemple, les micro-ondes. Selon lui, le quartz peut nous permettre d'entrer en contact avec divers niveaux de l'inconscient et de faire émerger des pensées subconscientes, de favoriser la communication avec nos pensées subconscientes, notre « mémoire ancestrale » et l'« inconscient collectif ». Franck Dorland utilise le terme de « bio-crystal *feedback* » pour désigner la possibilité de rétroaction entre un cristal de quartz naturel et l'esprit humain. Selon lui, une science nouvelle va naître avec les recherches en « biocristallographie », c'est-à-dire l'étude des échanges d'énergies entre le cristal de quartz et l'esprit humain.

Pour Marianne Zezelic, chercheur en parapsychologie, le crâne était utilisé pour stimuler et amplifier l'habileté psychique de son possesseur. « Le cristal est un accumulateur d'énergie terrestre. En le contemplant, les yeux établissent une relation harmonieuse qui stimule le magnétisme stocké dans la portion appelée cervelet. »

Quant à Tom Bearden, expert en psychotronique, il pense qu'entre les mains d'un personnage doué, le crâne de cristal transforme le champ d'énergie vitale en énergie électromagnétique, mais qu'il peut aussi aider à guérir en mettant en résonance les fréquences du corps et de l'esprit d'un patient avec les énergies curatives qui se manifestent dans son aura. Le crâne ne serait qu'un amplificateur des forces psychiques et des énergies de la Terre.

Il en serait du cristal comme des rêves dans lesquels les notions rationnelles sont bouleversées, il affranchirait la limitation imposée par le corps et permettrait au cerveau de sortir de la prison physique qui restreint ses facultés et de faire une incursion dans l'inconscient collectif, si profondément étudié par C.G. Jung. Il nous mettrait ainsi en communication avec le monde invisible qui contient un savoir qui ne nous est pas souvent accessible à l'état de veille.

« Il y a longtemps que nous avons un organe bien précis qui s'appelle le cerveau, mais l'important se situe au-delà de ce cerveau, au-delà de cette partie de notre anatomie, et c'est le psychisme. Nous avons maintenant l'absolue certitude que le subconscient renferme des éléments de connaissance qui seraient du plus haut intérêt si nous arrivions à les faire accéder au niveau de la conscience », écrivait Jung.

Pourquoi le cristal ne remplirait-il pas cette fonction ? Il mettrait en sommeil le processus habituel de pensée afin de changer notre palier de vibration et de nous retrouver en ondes alpha. Notre pensée ne placerait alors plus d'obstacle entre le conscient et l'inconscient et cet éveil passif nous relierait à l'inconscient collectif où nous pouvons trouver d'inépuisables sources d'informations.

C'est ainsi qu'agissent certains médiums qui ont le don de communiquer avec le savoir de l'inconscient que Jung appelait « le savoir absolu ». L'inconscient connaît le passé et l'avenir aussi bien que le présent. Il connaît les siens propres aussi bien que ceux des autres. C'est ce savoir que décodent les médiums en état d'autohypnose.

Le rêve en est la démonstration éclatante. En effet, notre activité sensorielle consciente est alors réduite et notre activité inconsciente est enfin libérée. Cependant, à notre réveil, le rêve est revécu au niveau du conscient alors que seul l'inconscient était sollicité. On pourrait simplement comparer l'inconscient collectif à un ordinateur où chacun irait puiser ses informations, en même temps qu'il l'alimenterait. L'accès à cette source d'information serait facilité pour les médiums qui franchissent plus aisément que les autres les barrières qui séparent ces mondes.

Dans son ouvrage *Alternative Reality* (non traduit en français), le psychologue américain Lawrence Le Shan considère que la réalité change de forme suivant les interactions entre elle et celui qui l'observe. En général, nous ne percevons qu'une « réalité sensorielle » dans laquelle les événements et les objets sont séparés dans l'espace et dans le temps. Mais il existerait aussi une « réalité clairvoyante » où l'observateur et l'objet observé ne feraient qu'un, de telle sorte que l'espace et le temps cesseraient de s'opposer à l'échange d'informations.

Franck Dorland suggère également qu'il serait possible de « programmer » un crâne de cristal avec un ensemble de pensées, de souvenirs, de messages et d'instructions. Si le crâne de cristal contient une information programmée, de quel type d'information s'agit-il et comment peut-on en prendre connaissance ?

Carole Wilson, une médium canadienne qui a collaboré avec divers services de police au Canada, aux États-Unis et en Grande-Bretagne dans le dessein de résoudre des affaires criminelles, tirait des informations psychiques sur les victimes de meurtres en « travaillant » sur des objets leur ayant appartenu. Elle pouvait aussi communiquer directement avec les « morts ». La première fois qu'elle a vu le crâne de Mitchell-Hedges, au cours des années 1980, elle est tombée en transe et, pendant deux heures, elle a transmis des informations concernant le crâne, mais elle avait tout oublié lors de son réveil.

Elle a travaillé régulièrement avec le crâne, mais elle a attendu plusieurs années avant de livrer au public le contenu des informations qu'elle aurait reçues, les jugeant « invraisemblables ». Elle a réuni plus tard ces informations dans un livre intitulé *The Skull Speaks* (« Le Crâne parle »), publié à compte d'auteur.

Pour entrer en contact avec l'« entité » du crâne de cristal, Carole Wilson raconte qu'elle « fermait les yeux, modifiait son rythme respiratoire et fredonnait afin de se plonger dans l'état mental approprié ».

C'est ainsi que par « communication psychique », elle aurait appris que ce crâne de cristal aurait été façonné par une civilisation ayant précédé les Mayas, très en avance sur notre civilisation actuelle. Selon elle, il serait vieux de 17 000 ans, et aurait été poli avec du sable et du crin.

L'entité aurait évoqué la future découverte de vestiges relatifs à sa civilisation, dans les océans Atlantique et Indien, sous la mer Morte, en Amérique du Sud, en Australie, en Égypte, dans les déserts, mais l'origine de cette civilisation se trouverait dans « d'autres dimensions ».

Elle aurait également annoncé des destructions liées aux changements météorologiques et climatiques, ainsi que des mouvements continentaux, la montée des eaux des océans. « Le champ magnétique basculera, la Terre s'ouvrira. Mais quand le temps viendra, le devoir de tous ceux qui cherchent la connaissance spirituelle sera d'instruire les autres au moment où la Terre basculera sur son axe. [...] Nous vous pressons de faire connaître à l'humanité les choses que nous avons à vous offrir dans l'espoir que l'holocauste pourra être réduit, car si ce qui est donné ne peut plus maintenant être changé, ses effets peuvent encore être grandement atténués. »

L'entité lui aurait expliqué que ceux qui voulaient préserver leur savoir auraient placé dans la matière du cristal l'essence de leurs esprits. Ils avaient pensé cacher la connaissance dans un lieu unique, mais ont ensuite décidé que c'était trop dangereux et qu'il valait mieux la répartir dans différents endroits.

C.G. Jung s'est beaucoup intéressé à cette union de la matière et de l'esprit. Lorsqu'il essayait de décrire l'inconscient collectif, il utilisait des concepts semblables à ceux que les physiciens modernes emploient pour décrire les phénomènes subatomiques. Dans *Aion* [4], il refuse de dissocier la matière et l'esprit : « Tôt ou tard, la physique nucléaire et la psychologie de l'inconscient se rapprocheront, alors que toutes deux, indépendamment l'une de l'autre et à partir d'horizons opposés, pénétreront plus avant le territoire transcendantal. [...] La psyché ne peut être différente de la matière ; si c'était le cas, comment

4. *Étude sur la phénoménologie du soi*, Albin Michel, 1983.

déplacerait-elle la matière ? Et la matière ne peut être étrangère à la psyché car, autrement, comment la matière pourrait-elle créer la psyché ? La psyché et la matière existent dans le même monde et chacune dépend de l'autre, autrement toute action réciproque serait impossible. »

C'est là que réside le problème, au niveau de la recherche et de la conscience de l'homme, mais notre anthropomorphisme veut enfermer l'inconnaissable dans le connu, ce qui nous mène obligatoirement à une impasse. Si nous parvenions un jour à faire surgir les facultés dites paranormales jusqu'à la conscience et à les maintenir à ce stade assez longtemps pour les étudier sérieusement, l'homme aurait alors des pouvoirs presque illimités, car toute pensée est action, et seule la matière s'interpose entre la pensée et la réalisation.

Le docteur Hubert Larcher, décédé en 2008, médecin et philosophe, ancien directeur de l'Institut métapsychique international, survécut au camp de concentration de Mauthausen grâce aux techniques de Karma Yoga qui lui ont permis de contrôler le sommeil, la faim et le froid. Il pensait que « plus on descend profond dans le niveau de l'inconscient, plus est riche le niveau d'information et plus il est universel, et plus il est en intercommunication avec les autres inconscients et avec l'interaction universelle ». Il comparait notre conscience personnelle à une île avec d'autres îles dans un archipel et estimait qu'à un certain niveau, c'est la terre du fond de l'eau qui lie toutes les îles entre elles.

Pour les scientifiques, le mot « impossible » n'a plus le même sens qu'il avait autrefois. La notion d'impossibilité a reculé au cours des siècles. Il y a moins de cinq cents ans, on a condamné et parfois même brûlé certains savants qui osaient prétendre que la Terre était ronde ou soutenir des vérités profondes qui semblaient alors être des hérésies. Bien plus tard, on s'est contenté de ricaner lorsque certains ont affirmé que des machines pourraient voler dans l'air, que des bateaux navigueraient sous les eaux, que des voitures rouleraient à des vitesses qui semblaient alors exagérées, sans danger pour leurs passagers. Quant à l'idée de dépasser un jour la vitesse du son, elle donnait le vertige à nos grands-parents. Au début de ce siècle, le téléphone était encore un sujet d'étonnement, mais nos enfants ne peuvent imaginer que l'on s'en soit passé. Ils trouvent aussi parfaitement naturel de voir ce qui se déroule à des milliers de kilomètres de l'endroit où ils se trouvent en tournant un simple bouton de télévision.

Un jour, il paraîtra peut-être normal à nos descendants que chacun puisse – avec plus ou moins de succès – faire une incursion dans cet « ailleurs » que nous ne connaissons pas pour l'instant, mais qui existe certainement, ou dans un « futur » encore caché à notre conscience par de nombreux voiles. En les soulevant peu à peu, l'un après l'autre, l'homme élargira son niveau de conscience et occupera une position nouvelle face au cosmos.

Le professeur H.H. Price, d'Oxford, pensait que ce domaine de recherche est le plus important auquel l'esprit humain se soit jamais intéressé, et cette exploration devrait faire sortir l'homme de l'impasse obscure où l'avait conduit et enfermé le matérialisme du siècle dernier. Nous devrions enfin pouvoir découvrir les trésors stupéfiants qui sommeillent dans l'inconscient de chacun et qui jaillissent parfois de façon inattendue.

En résumé, d'après leurs « messages », les crânes de cristal seraient une sorte d'ordinateur qui aurait enregistré les vibrations et l'énergie ambiantes et pourrait les transmettre à ceux qui entrent en contact avec eux, comme une sorte d'Internet. Aussi, peu importe que ces crânes soient anciens ou modernes, peu importe que nous croyions, comme les Indiens d'Amérique, qu'ils ont été apportés sur Terre par des extraterrestres pour aider l'humanité dans un temps de grande nécessité. Peu importe que nous pensions, comme les Mayas, que le dernier Grand Cycle de temps s'achèvera le 21 décembre 2012, ces crânes de cristal nous rappellent que nous sommes tous des êtres spirituels dans nos corps physiques et que nous sommes tous intimement liés au reste de l'univers et surtout à tous nos semblables. Le seul fait important est que si nous persistons à suivre la voie dans laquelle nous sommes engagés, le monde, ou du moins l'humanité telle que nous la connaissons, cessera bientôt d'exister.

Comme le disent les Cherokees : « nous avons en nous toutes les couleurs de l'humanité, le blanc des os, le jaune de la moelle, le noir des pupilles. La même peau recouvre nos os, le même sang coule dans nos veines, la même pulsation anime nos cœurs. Quel que soit notre âge, notre race ou notre culture, nous sommes tous semblables, nous avons tous ce même crâne en nous. »

Ces crânes de cristal ne sont pas les premiers à nous rappeler la vanité de nos vies. Le crâne est le principal attribut de ce que nous appelons les « vanités », catégorie de natures mortes où les objets représentés sont tous symboliques de la fragilité et de la brièveté de la vie, du temps qui passe et de la mort. On les trouve depuis l'Antiquité, comme à Pompéi, mais surtout au XVIIe siècle en Europe. Ces vanités opposent les symboles de grandeur et de puissance à notre égalité devant la mort, représentée par des crânes, et montrent la vanité de l'homme face à sa condition et sa place dans l'univers.

Comme le disait l'Ecclésiaste en déplorant le vide et le néant des choses terrestres : *Vanitas vanitatum, et omnia vanitas* [5].

5. Vanité des vanités, et tout est vanité.

L'accélération du processus et la crise actuelle

Comment pouvez-vous acheter ou
vendre le ciel, la chaleur ou la terre ?
Le chef SEATTLE, 1854.

Le projet Haarp

La guerre et l'argent mènent le monde.
Lorsque vous avez de l'argent,
vous devez vous préparer à entrer en guerre
pour protéger votre argent, et cela est le principal
intérêt des corporations et des gouvernements.
Rosalie BERTELL

ALORS QUE nombre de gens s'inquiètent des prophéties de fin d'un monde, certains refusent d'admettre que nous sommes responsables des périls annoncés, en particulier à cause de l'état de notre Terre. Nous sommes responsables soit par action directe, soit par ignorance et manque de curiosité, soit par passivité ou peur de réagir à l'encontre de la majorité.

Aussi, il est grand temps d'ouvrir enfin les yeux et de faire, une fois encore, le point sur la situation actuelle. Lorsque nous saurons où nous en sommes réellement, peu d'entre nous regretterons ce monde en espérant que le prochain sera bien différent.

Tandis que notre planète est déjà traversée par une infinité de radiations artificielles, le réseau Haarp – « High-frequency Active Auroral Research » [1] – est un programme américain à la fois scientifique et militaire de recherche sur l'ionosphère, afin de la modifier localement par des ondes à hautes fréquences (HF), et d'étudier les modifications sur les communications longues distances. Il est présenté officiellement comme une pure recherche scientifique, mais en réalité il est sous contrôle exclusif de militaires.

Installé près de Gakona, une petite localité au nord-est d'Anchorage, en Alaska, ce complexe s'étend sur plusieurs hectares, loin des zones habitées à forte densité. Ce vaste périmètre plat et déboisé est planté de quarante-huit antennes de 20 mètres de haut, toutes reliées à un émetteur d'une puissance de près d'un million de watts. Le nombre d'antennes est appelé à se multiplier et les émetteurs devraient atteindre la puissance phénoménale d'un milliard de watts émis par un réseau de trois cent soixante antennes. Les émetteurs sont alimentés en énergie par six turbines de 3 600 CV, brûlant quelque 95 tonnes de diesel par jour.

Ce projet, qui aurait déjà coûté trente millions de dollars, a été financé par la Navy, l'Air Force et le Département de la Défense, et certains n'hésitent pas à affirmer que l'armée américaine serait en train de rééditer, dans le plus grand secret et sous une forme plus économique mais bien plus dangereuse, son projet de « Guerre des étoiles ». Par rapport à cette puissance monstrueuse, la bombe atomique correspond à un boulet de canon.

Haarp a été conçu grâce aux recherches sur les phénomènes électromagnétiques de Nikola Tesla, un scienti-

1. Recherches dans le domaine des hautes fréquences appliquées aux aurores boréales.

fique yougoslave du début du XXe siècle. Entre autres, on lui doit l'utilisation généralisée du courant alternatif. Cet inventeur de génie, qui fut également un innovateur dans de nombreux domaines comme ceux du moteur asynchrone et de la transmission d'énergie sans fil, a consacré une grande partie de son temps à étudier « l'énergie ionosphérique ». Ses découvertes furent financées, exploitées, puis censurées pour des raisons financières par le banquier J. Pierpont Morgan et la société Westinghouse. Il mourut dans la misère et la plupart de ses travaux demeurent occultés. Après son décès, le FBI confisqua la totalité de ses effets personnels et toutes ses notes de travail.

Moins d'un siècle plus tard, Bernard Eastlund, physicien du MIT, se contenta de reprendre les premiers travaux de Tesla dans le domaine de l'énergie électromagnétique et déposa ainsi, entre 1987 et 1994, douze brevets qui constituent les bases du projet « Haarp ». Mais ce projet lui échappa plus tard et Eastlund en fut exclu pour des raisons restées obscures ; l'exploitant actuel est un consortium pétrolier, la société Apti-Arco, dont les intérêts sont liés à l'armée américaine.

L'objectif officiel de Haarp est de générer un bouclier protecteur global capable de déceler les avions ou missiles ennemis qui s'engageraient dans l'espace aérien américain et d'empêcher toute communication radios et satellites dans une zone déterminée. Selon des études de spécialistes en armement, il permettra également de communiquer avec les sous-marins en plongée profonde situés dans des coins les plus reculés des océans, et pourra pareillement sonder la croûte terrestre à des profondeurs extrêmes. Ainsi, aucun pays n'aura les moyens de cacher l'implantation de bases secrètes souterraines abritant des armes nucléaires.

Haarp est également capable de transmettre de fortes quantités d'énergie d'un point à l'autre, sans l'apport d'un câble électrique. L'installation est connectée à l'un des ordinateurs les plus puissants de la planète, celui de l'université d'Alaska.

Tout cela peut paraître utile à certains, mais il faut connaître l'envers de la médaille, car ce réseau pourrait permettre de modifier le climat avec toutes les conséquences que cela implique, perturber les écosystèmes, interrompre toute forme de communication hertzienne, détruire ou détourner avions et missiles transcontinentaux par leur action sur l'ionosphère et, ce qui est pire que tout, influencer les comportements humains.

En 1975, le sénateur démocrate américain Gaylor Nelson, décédé en 2005, a obligé la Marine nationale à publier le résultat des recherches qui prouvent bien que ces basses fréquences risquent de modifier la chimie du sang chez l'être humain et changer ses états émotionnels, comme on le fait avec la psychotronique.

Officiellement, les scientifiques qui travaillent sur ce monstrueux émetteur radio veulent étudier l'ionosphère, cette couche constituée de particules ionisées fortement chargées en énergie, mais il est bien connu que Haarp va tirer parti de l'ionosphère pour en faire une arme.

Grâce à ses antennes dipôles, Haarp envoie vers l'ionosphère un faisceau d'ondes à hautes fréquences qui atteint 1,7 milliard de watts. Située au-dessus de la stratosphère à une altitude qui varie de 48 à 600 kilomètres de notre croûte terrestre, cette couche est vitale pour notre planète, car elle nous protège des radiations nocives du soleil et filtre, de la même manière que la couche d'ozone, les particules chargées électriquement qui viennent des vents et tempêtes solaires ou galactiques.

Toutefois, les recherches menées depuis un siècle par nombre de scientifiques ont confirmé que ce « manteau énergétique » protégeant la Terre pouvait devenir une arme stratégique majeure. Le bombardement d'une zone donnée de l'ionosphère avec ces hautes fréquences aurait pour effet de créer un énorme miroir virtuel qui, agissant comme une antenne et pénétrant le sol, les mers et nos corps, renverrait des fréquences extrêmement basses ELF (*extremely low frequency*) vers la Terre, comme le ferait un immense four à micro-ondes.

Haarp a aussi la capacité d'interrompre toute forme de communication hertzienne, de modifier la météorologie, de provoquer des tremblements de terre ou des explosions aussi puissantes qu'une bombe atomique.

Le danger est d'autant plus grand que l'on n'a aucune assurance que le trou ainsi créé ne s'agrandira pas, ce qui pourrait engendrer une destruction massive de l'ionosphère sur l'ensemble de la planète. La vie sur Terre ne serait alors plus possible, comme c'est déjà le cas sur Mars et sur Vénus où le champ magnétique très faible et la magnétosphère quasiment inexistante ne permettent pas une atmosphère favorable à la vie. En outre, chaque jour, étant donné leur consommation de diesel, les émetteurs de Haarp produisent plus de sept tonnes de matières polluantes.

Qui plus est, aucun des inconscients qui manient ces rayonnements ne peut prévoir ce qui se passerait si quelques milliards de watts se répandaient dans l'ionosphère pendant une tempête solaire.

Bien que, depuis le début des années 1950, les États-Unis s'intéressent particulièrement aux techniques de modification des conditions climatiques, il existe toujours une omerta sur les techniques de modification de l'environnement à des fins militaires, malgré la Convention de 1977 qui interdit de les utiliser dans cette intention [2].

Nicholas Begich, docteur en médecine, est profondément impliqué dans la campagne contre le projet Haarp. Il est coauteur avec la journaliste Jeanne Manning, spécialisée dans les recherches sur les énergies dites « non conventionnelles », de l'ouvrage *Angels don't play this Haarp* (Les anges ne jouent pas de cette Haarp). Il affirme sans ambiguïté qu'un des buts de ce projet est de mettre sur pied une arme de destruction, aussi bien massive qu'individuelle, et doute fort que ses concepteurs aient jamais discuté de ce type de recherches.

Dès 1952, le docteur José Manuel Rodriguez Delgado, professeur de physiologie à Yale, avait découvert que l'on pouvait affecter le comportement émotionnel et la façon de penser d'un individu par l'utilisation de certaines fréquences et de certaines ondes. Avec d'autres scientifiques comme Robert Becker, ils ont réussi à démontrer que des ondes de types ELF, identiques à celles utilisées par Haarp qui sont couplées avec l'emploi de courant alter-

2. Voir l'un des rapports *Air Force 25* qui s'intitule : *Weather as a Force Multiplier : Owning the weather in 2025.*

natif, génèrent des fréquences « où la plupart des fonctions cérébrales profondes de l'être humain peuvent être manipulées de l'extérieur avec des résultats très tangibles ».

Le docteur Begich explique que certaines ondes peuvent provoquer dans le cerveau l'apparition de substances neurochimiques qui génèrent « un vaste arsenal de réponses et de comportements émotionnels ou intellectuels comme des sentiments de peur, de dépression, de désir, d'amour ». Il se réfère aux travaux du docteur William Ross Adey, professeur d'anatomie et de physiologie, qui a découvert que des ondes pulsées provoquent des variations de la tension artérielle et génèrent des signaux micro-électriques qui se propagent dans le système nerveux et informent le cerveau de ce qui nous environne. Ces ondes pulsées modifient le PH sanguin et affaiblissent le système immunitaire humain.

Rosalie Bertell est couverte de diplômes, tout en étant une religieuse qui fait partie des Grey Nuns (Sœurs Grises) du Sacré-Cœur. Elle a été conseillère scientifique du président Carter pour les technologies de défense au cours des années 1970. Elle a dirigé de nombreuses commissions internationales sur des catastrophes comme la tragédie de Bhopal – provoquée en 1984 par Union Carbide et qui a causé 15 000 morts et des centaines de milliers de victimes alors qu'aucun coupable n'a été condamné –, ou Tchernobyl en 1986. Elle a aussi conduit les études sur les radiations émises par les essais nucléaires dans les îles Marshall et a reçu de nombreuses récompenses pour son travail d'aide aux victimes.

En 2005, Rosalie Bertell a été sélectionnée parmi les mille « Femmes de paix » pour le prix Nobel. Elle a publié deux ouvrages : *No Immediate Danger : Prognosis for a Radioactive Earth* et *Planet Earth : The Latest Weapon of War*[3], et a dirigé le journal *International Perspectives in Public Health*.

Elle compare Haarp à un « four gigantesque qui peut entraîner une déchirure dans l'ionosphère et générer non seulement des trous, mais de grandes entailles dans la couche protectrice qui empêche les radiations mortelles de bombarder notre planète ».

Pour elle, la question ne se pose pas : « Ce sont les militaires qui ont détérioré le climat et la couche d'ozone. Ils blâmaient autrefois le volcan Pinatubo et à présent, c'est El Niño. Et tout le monde répète El Niño et l'admet. Il s'agit là de relation publique et non d'étude scientifique. »

Or le 6 mars 1983, le *Washington Post* publiait un article qui signalait que les alizés qui soufflaient dans la direction opposée à la normale avaient provoqué une sécheresse en Australie et des pluies diluviennes au Pérou, ainsi que des tornades dans le sud de la Californie. « El Niño de 1983 est le résultat d'énormes ondes stationnaires émises par les Russes. Leurs propriétés permettent de verrouiller les mécanismes météorologiques en créant un bouchon, ce qui empêche les alizés de suivre leur trajectoire habituelle. » Il est certes utile que le *Washington Post* dénonce les manœuvres dangereuses des Russes, mais ils ne sont pas les seuls responsables.

Le 15 mars suivant, le même journal citait un rapport de la National Science Foundation qui décrivait la dispa-

3. Quartet Books (UK), 2002, non traduit en français.

rition de 17 millions d'oiseaux dans l'archipel des Christmas Islands et celle de coraux dans le Pacifique, à Panama, aux îles Galapagos, en Colombie, en Polynésie et à l'ouest des Philippines, alors qu'apparaissaient des millions de petits crabes rouges sur les côtes sud de la Californie.

Il est facile d'attribuer au seul effet de serre la responsabilité des catastrophes climatiques qui s'intensifient, mais, à part quelques scientifiques, personne ne songe à en attribuer une partie à l'effet de Haarp.

Selon le rapport du docteur Bertell, le projet militaire de substituer à l'ionosphère un bouclier artificiel remonte à 1958. C'est à cette époque que la Navy aurait procédé clandestinement à l'explosion de trois bombes nucléaires à l'altitude de l'ionosphère, au-dessus de l'Atlantique Sud. Il s'agissait alors d'évaluer les effets électromagnétiques de ce type d'explosion à très haute altitude sur les systèmes de télécommunication. D'après Rosalie Bertell, cela fait plus de quarante ans que les États-Unis expérimentent à l'insu de tous et au mépris des conventions internationales les effets de ces ondes. Elle a recensé la succession d'expérimentations insensées et des accidents qui en ont découlé.

En avril 1986, un accident survenu dans le Nevada a entraîné, sur tout le continent nord-américain, de sérieuses retombées radioactives qui furent, à l'époque, attribuées à la catastrophe de Tchernobyl, survenue quelques jours plus tôt.

Ce type d'action militaire, qui ne relève pas de la science-fiction, a déjà été utilisé sur le terrain en 1991 au cours de la guerre du Golfe et de l'opération « Tempête du désert ». Selon le périodique militaire officiel *Defence*

News [4], les États-Unis avaient déployé sur le champ de bataille une arme à impulsion électromagnétique dans le double dessein d'interrompre toute forme de communication hertzienne et d'influencer les comportements humains. On comprend mieux dans ce cas pourquoi des dizaines de milliers de soldats irakiens se sont rendus sans combattre.

Déjà, au cours des années 1970, Zbigniew Brzezinski, ancien conseiller à la Sécurité nationale du président Jimmy Carter, directeur fondateur de la Commission Trilatérale de David Rockefeller, a indiqué dans son ouvrage *Between Two Ages* (Entre deux âges) que « nous disposons de méthodes capables de provoquer des changements climatiques, de créer des sécheresses et des tempêtes, ce qui peut affaiblir les capacités d'un ennemi potentiel et le pousser à accepter nos conditions. Le contrôle de l'espace et du climat a remplacé Suez et Gibraltar comme enjeux stratégiques majeurs[5]. »

Les armes électromagnétiques (EM) opèrent grâce à des fréquences très basses (100 à 1 000 Hz) ou extrêmement basses (de 0 à 100 Hz) ; on les appelle « non-létales », ce qui ne veut pas dire qu'elles sont anodines ni qu'elles ne peuvent tuer sous certaines conditions. Grâce à leur grande puissance d'émission et à leurs fréquences, certaines de ces armes de l'ombre auraient, selon les recherches et expérimentations du docteur Allan Frey de l'université de Princeton, la capacité de provoquer des ruptures d'anévrisme ou des arrêts cardiaques.

4. N° 19 du 13 avril 1992.

5. *Between Two Ages : America's Role in the Technetronic Era*, Viking Press, 1970.

Elles n'ont été portées à la connaissance du public que très récemment, les gouvernements les ayant classées parmi les « secrets d'État ». Cependant, dès 1934, paraissait une *Méthode de Contrôle à distance des Stimulations électriques du système nerveux*, par les docteurs E. L. Chaffee et R. U. Light, ainsi qu'un ouvrage sur *L'Influence à distance* par le professeur Leonid L. Vasiliev. En 1945, les Alliés ont découvert que les Japonais avaient mis au point un « Rayon de la mort » en utilisant des ondes courtes de radio. En 1950, la France a mené des recherches sur les armes à infrasons [6].

Puis en 1953, la direction du NIMH (National Institute of Mental Health) demanda à John C. Lilly de renseigner la CIA, le FBI et d'autres services d'intelligence militaires, sur ses travaux de stimulation du cerveau par des électrodes. Lilly refusa, en disant que cette méthode de stimulation du cerveau pouvait être appliquée par n'importe quel technicien sans l'aide d'un neurochirurgien, et sans aucun signe externe montrant que des électrodes avaient été utilisées pour avoir un contrôle total sur la personne et changer ses croyances dans l'immédiat [7].

Il est certain que le vivant est particulièrement sensible aux hautes fréquences modulées en très basse fréquence car les molécules comme l'ADN et l'ARN qu'il contient décodent ces basses fréquences et résonnent. Aussi les ondes utilisées pour communiquer avec les sous-marins en plongée pourraient avoir un impact absolument impré-

---

6. *The Road From Armageddon*, Peter Lewis, Rapport du collectif Resonance (2004).
7. *Mind Control and the American Government*, Martin Cannon in Lobster #23, pp 2-10.

visible et incontrôlable sur tous les êtres vivants, qu'ils vivent dans la mer ou sur la terre.

Il est fort possible que les maladies qui affectent le système d'orientation des cétacés et les mènent à s'échouer par troupeaux entiers sur les côtes soient une conséquence de Haarp.

De 1958 à 1962, le ministère de la Défense des États-Unis étudia les moyens de manipuler « le ciel et la terre, afin de modifier le climat » et procéda à des essais à haute altitude de bombardements à pulsion électromagnétique (EMP) dans le Pacifique [8]. À cette époque, l'Union soviétique et les États-Unis ont envoyé dans l'atmosphère de nombreuses impulsions électromagnétiques.

Au cours des années soixante, la Marine américaine a expérimenté des antennes ELF à fréquence extrêmement basse, car elle avait besoin de cette technologie pour communiquer avec ses sous-marins d'une manière inattaquable par ses ennemis.

En 1965, un « Rayon de la mort », déjà inventé par Tesla en 1940, fut mis au point par McFarlane Corporation, qui le décrit comme une arme à électrons, dont le brevet aurait été volé par la NASA, selon les dires de son concepteur. McFarlane témoigna à ce sujet devant le sous-comité du ministère de la Défense [9].

En 1968, le professeur Gordon J. F. MacDonald, directeur Associé de l'Institut de Géophysique et Physique Planétaire de l'université de Californie, alors conseiller scientifique du président Lyndon Johnson, a expliqué

8. *The Road From Armageddon*, par Peter Lewis.
9. Psychic Dictatorship in the U.S.A, par Alex Constantine.

comment utiliser le contrôle de l'environnement à des fins militaires dans *Unless Peace Comes,* ouvrage publié en 1968, dont il a écrit un chapitre : « How to wreck the environment » (Comment ruiner l'environnement). Il se référait aux ondes de basse fréquence dans l'ionosphère qui affecteraient le cerveau humain. Il précisait que dans ce domaine, les faits réels et la fiction étaient lentement en train de se rejoindre, car la quantité d'énergie contenue dans le système climatique, comme les tornades ou les orages, dépasse de très loin la quantité d'énergie sous le contrôle de l'être humain. Il décrivait la manipulation climatique, la fonte de la calotte polaire, la détérioration de la couche d'ozone, la fabrication de tremblements de terre, le contrôle des tsunamis et la manipulation du cerveau grâce aux champs énergétiques de la planète. Il prédisait que ce type d'armement serait développé et deviendrait alors invisible aux yeux des victimes. Serait-ce Haarp ?

La possibilité de générer autant d'énergie qu'une bombe nucléaire n'importe où dans le monde grâce au laser ou à des rayons de particules est plus qu'alarmante, bien que les scientifiques de l'armée considèrent Haarp comme une machine de guerre « plus douce et amicale » que les autres. On a peine à imaginer comment sont alors « les autres » ! Les Américains sont tellement fiers de leur projet qu'Alain Gossens nous signalait dans le journal belge *Télémoustique* de novembre 1997 qu'ils auraient l'intention de développer un véritable réseau de stations similaires à travers le globe afin de créer de ce fait un bouclier modulable total. « Ainsi, il existe d'autres complexes de recherches sur l'ionosphère comme à Puerto Rico, en

Norvège à Tromsoe, au Pérou à Jicamarca, en Russie près de Moscou, ou encore à Nizny Novgorod, en Ukraine, ou dans le Tadjikistan. »

Les Russes ont, en effet, précédé les États-Unis en installant un « chauffage ionosphérique » à Sura, près de la Volga et de Nizny Novgorod dès 1981, soit douze ans avant Haarp. Ce complexe est capable d'irradier 190 mégawatts dans la gamme des 4,5 à 9,3 MHz, ce qui correspond à la puissance d'une petite centrale nucléaire.

Haarp représente une telle menace que les députés du Parlement européen, qui ne s'agitent pourtant pas facilement, se montrent préoccupés par le développement de ce projet. En 1998, répondant à une note de Karin Maj Britt Theorin, démocrate suédoise, alors présidente du Bureau international de la paix et membre du Parlement européen, le Comité des Affaires étrangères, de la Sécurité et de la Défense au Parlement européen s'est réuni à Bruxelles pour débattre du programme Haarp et de son « impact sur l'environnement » et ses implications légales, écologiques et éthiques. Le Comité a regretté le refus répété de l'administration des États-Unis de fournir des renseignements sur les risques environnementaux des activités militaires du programme Haarp, mais Bruxelles voulait surtout éviter des problèmes avec Washington.

Pourtant, certains pensent que ce programme pourrait être responsable de cyclones de l'envergure de Katrina ou Rita. Il ne nous reste plus qu'à espérer que le prochain gouvernement américain considérera ces risques et répondra aux demandes de renseignements de Bruxelles.

D'autant qu'à présent, Gratan Healy, expert en énergie et conseiller auprès des parlementaires européens, rassemble les documents qui accusent ce projet criminel. Le dossier a été confié à Magda Haalvoet, chef de file du groupe des Verts au Parlement européen, qui doit donner une suite officielle aux demandes des membres de son groupe. Cette scientifique, qui avait été désignée comme expert par l'administration Reagan pour étudier les effets du projet d'armement « Star Wars », ne cache pas son inquiétude et va jusqu'à affirmer que ce type d'armement « peut mettre en danger les libertés individuelles et la démocratie », ce qui n'inquiète guère les stratèges du Pentagone.

En effet, ces derniers auraient déclaré dans une revue spécialisée destinée à l'élite militaire : « Alors que nous entrons de plain-pied dans l'ère de l'électronique et de la bioélectronique, il devient nécessaire de réévaluer les barrières morales et éthiques que nous avons posées en interdisant toute technologie pouvant manipuler l'esprit de nos ennemis tant à l'intérieur du pays qu'à un niveau international. Dès que cela sera possible, nous encouragerons des entreprises privées ou semi-privées à développer une technologie appropriée. Nous pouvons agir de même avec les nouveaux types d'armements comme les armes biologiques incapacitantes et les armes psycho-technologiques avancées.[10] »

Étant donné le passif de l'US Air Force et surtout de la CIA en matière d'expérimentations chimiques et bactériologiques, il est « normal » que les militaires n'aient pu résister à la tentation d'élargir le domaine d'application de Haarp et d'en faire une arme polyvalente. N'oublions

10. *The revolution in military Affairs*, Strategy Studies Instituts, Us Army War College.

pas les monstrueuses expériences secrètes qui consistaient à injecter toutes sortes de drogues chimiques à de pauvres soldats conscrits, afin de modifier leur comportement. Les moyens utilisés par Haarp sont plus discrets mais tout aussi efficaces.

Pour en revenir à Magda Haalvoet, elle s'inquiète également des conséquences écologiques désastreuses de Haarp qui est capable de déstabiliser l'agriculture et les systèmes écologiques de régions entières. Son travail consiste à persuader le Parlement de faire pression, par l'OTAN, sur les États-Unis et l'armée américaine afin de mettre à jour d'autres aspects du projet, non avoués par l'Air Force et la Navy. Malgré les informations venant de la communauté scientifique, ni les délégations officielles ni les associations environnementales qui participaient en novembre 2000 à la conférence de La Hague sur les changements climatiques, n'ont évoqué au cours des débats les manipulations climatiques militaires. L'impact des technologies militaires sur le climat de la Terre n'est pas un sujet de discussion, il est préférable de s'en tenir à l'effet de serre. De toute manière, les États-Unis, premiers pollueurs de la planète, ont refusé de signer les accords de Kyoto, alors qu'ils émettaient environ 23 % des gaz à effet de serre ; tout leur est donc permis. Toutefois, d'ici à 2009, la Chine devrait supplanter les États-Unis en tant que championne de la pollution.

Pour l'instant, au Parlement européen, des voix désignent nommément les États-Unis comme étant les responsables du dérèglement climatique, conséquence de tant de désastres en tout genre. L'Europe des quinze s'inquiète de leur politique intransigeante en matière de prévention des pollutions industrielles. Quant à la Suédoise Margot Wall-Strom, vice-présidente de la Commission européenne chargée de l'environnement, commissaire aux Relations institutionnelles et à la Stratégie de communication, elle affirme : « Les États-Unis sont les principaux coupables du changement climatique ! »

Marc Filterman, ancien officier de l'armée française, distingue plusieurs sortes d'armes « non conventionnelles » qui utilisent des radiofréquences. Il estime que les États-Unis et l'Union soviétique maîtrisent parfaitement la manipulation du climat depuis le début des années quatre-vingt, grâce à ELF.

Il est certain qu'il se passe, en France comme ailleurs, de curieux phénomènes météorologiques, avec d'abondantes chutes de neige hors saison ou des grêlons gros comme des œufs, des inondations gigantesques, des cyclones dans des pays non-tropicaux, des températures anormalement hautes ou basses.

Quant à la tempête du 25 décembre 1999, elle a surpris tout le monde par sa violence, détruisant des forêts entières en l'espace d'une heure à travers la France, arrachant des toitures solides et en parfait état, provoquant des dégâts très importants sur des monuments historiques comme le Panthéon ou la cathédrale Notre Dame de Paris. Au point que la revue *VSD* du 8 juin 2000 a publié un article titré : « Les services secrets fantasment. Tempêtes de décembre : phénomène naturel ou attaque terroriste ? »

Le journaliste Jean-Moïse Braitberg, qui a mené l'enquêté auprès des divers services spéciaux ou militaires sur les possibilités qui ont pu provoquer une tempête aussi dévastatrice, a constaté que tout le monde s'intéressait à la manipulation du climat.

Au sujet de Haarp, on ne peut s'empêcher de penser à l'annonce de l'Apocalypse (14. 2) : « Et j'entendis du ciel une voix, comme un bruit de grosses eaux, comme le bruit d'un grand tonnerre, et la voix que j'entendis était comme celle de joueurs de harpe jouant de leur harpe. »

Fort heureusement, les populations victimes des intempéries commencent à se réveiller et à demander des comptes à leurs dirigeants. Depuis octobre 1998, le Grip (Groupe de recherche et d'information sur la paix et la sécurité) dispose à Bruxelles d'un observatoire qui a pour objectif d'étudier l'impact des activités militaires sur l'environnement politique, économique, juridique, scientifique et éthique. Le Grip considère qu'en raison de son impact général sur l'environnement, le projet Haarp est un problème d'une portée mondiale, et demande que ses implications soient examinées par un organisme international indépendant. Cet organisme déplore que le gouvernement des États-Unis ait à maintes reprises refusé d'envoyer un représentant pour apporter un témoignage sur les risques que comporte le projet Haarp pour l'environnement et la population, et demande que soit établi un accord international visant à interdire à l'échelle mondiale les développements et déploiements d'armes qui pourraient ouvrir la porte à toute forme de manipulation de l'homme.

En décembre 1974, Howard Benedict, de *l'Associated Press* à Washington, publiait déjà un rapport, *The weather as a secret weapon ?* (Le climat, une arme secrète ?), dans lequel il expliquait pourquoi les Américains et les Russes avaient nié l'existence de telles armes. En effet, il est facile d'imaginer quelle aurait été la réaction des populations à l'idée que leurs gouvernements détenaient des armes météorologiques.

Pourtant, dès 1973, le Honduras accusait les États-Unis de provoquer une grande sécheresse en détournant l'ouragan Fifi afin de préserver la Floride et de sauver son commerce touristique. Cet ouragan a causé les plus grands dégâts jamais vus dans l'histoire du Honduras. Le Salvador a également blâmé les États-Unis pour le même genre d'intervention. À son tour, le Japon a prétendu qu'on avait déclenché artificiellement un typhon dans l'île de Guam. La Rhodésie ainsi qu'Israël furent aussi accusés par les nations voisines de leur « voler la pluie ».

Dans son ouvrage *The Cooling*, le journaliste américain Lowel Ponte décrit un programme soviétique qui modifie les conditions atmosphériques au-dessus de leurs territoires afin d'augmenter leurs productions agricoles. Il cite également les confidences que lui auraient faites des fonctionnaires de l'armée au sujet d'avions américains qui auraient irrigué des terres aux Philippines et aux Açores, alors qu'ils refusaient de pallier la sécheresse de plusieurs pays de la zone du Sahel africain[11].

La station de suivi de satellites « Joint Defence Facility Pine Gap », habituellement appelée Pine Gap, est située au sud-ouest de la ville d'Alice Springs dans le territoire du Nord en Australie. Située en plein centre du pays, la base est gérée conjointement par l'Australie et les États-Unis, à la suite d'un accord signé en 1966. Il s'agit de l'un

11. *The cooling: Has the Next Ice Age Already Begun?* Lowel Ponte, Prentice-Hall, 1976.

des plus grands centre de renseignement d'origine électromagnétique au monde.

La station est dirigée par les services secrets australiens, mais la moitié des quelque neuf mille personnes qui y sont stationnées sont des Américains de la CIA et du Naval Security Group. Pine Gap compte dix-huit antennes satellitaires, dont l'une d'un diamètre d'environ 30 mètres et une autre d'un diamètre d'environ 20 mètres. Cette station terrestre pour satellites appelée Sigint (Signals intelligence) contrôle et commande plusieurs satellites d'espionnage, dont elle capte, traite et analyse les signaux. Toutefois, la présence d'antennes satellitaires de grande dimension donne à penser que la station écoute aussi des satellites de communication. Jusqu'en 1980, les Australiens étaient exclus du département d'analyse des signaux. Depuis, ils ont libre accès à toutes les parties de la station, à l'exception de la salle de cryptographie nationale des Américains.

En 1999, lorsque le gouvernement australien refusa de donner des explications sur le site à une commission du Sénat australien, celle-ci demanda quelques renseignements au professeur Des Ball, de l'Australian National University, expert en renseignements militaires. Celui-ci expliqua que la zone était partagée en trois secteurs : le premier chargé du suivi des satellites, le deuxième du recueil des signaux et le troisième occupé à les analyser. À l'heure actuelle, les Australiens n'ont pas accès à la « National Cryptographic Room » et les Américains n'ont pas accès à l'« Australian Cryptographic Room ». Chaque matin une commission, le *Joint Reconnaissance Schedule Committee,* se réunit pour déterminer quels satellites seront surveillés pendant les prochaines vingt-quatre heures [12]. On sait à présent que la recherche sur la propulsion électromagnétique est l'objectif principal de Pine Gap.

On soupçonne également que la plus grande cavité jamais creusée en Australie et qui aurait plus de 8 km (8 535 mètres exactement) de profondeur se trouve sous Pine Gap, espace aérien réservé à la recherche spatiale dont le rayon est de plus de 1 200 km. Cette galerie pourrait aussi servir d'antenne souterraine pour la diffusion d'électricité à très basse fréquence. Étant donné que Pine Gap oriente ses recherches autant sur la haute atmosphère que sur le sous-sol, il est possible qu'elle puisse générer une énorme onde stationnaire autour de la Terre et produire un champ électrique à une altitude de 400 km, par le biais d'émissions ELF.

Sans jamais avoir une confirmation officielle, évidemment, de nombreuses rumeurs circulent au sujet de ce site. Cette immense cité souterraine de plusieurs niveaux est aussi censée posséder un énorme générateur nucléaire fournissant de l'énergie à son émetteur-récepteur, des accélérateurs à plasma à haute tension et à haute énergie, un canon à plasma. L'électricité transmise de cette manière peut être suffisamment puissante pour recharger les batteries de bord à haute tension, appelées cellules d'emmagasinage de plasma dynamique.

Pine Gap dispose également d'énormes ordinateurs dont la capacité de mémoire principale est stupéfiante et

---

12. Duncan Campbell *Surveillance électronique planétaire*, Editions Allia, Paris, 2005, (Publication et traduction du rapport *Interception Capabilities 2000*, publié pour le Parlement européen par le Bureau d'Evaluation des Options Techniques et Scientifiques).

collecte l'ensemble des informations mondiales relatives à la sécurité, non seulement à propos de la finance et des technologies, mais également de tout aspect de la vie des citoyens. Ces ordinateurs sont connectés à des serveurs centraux situés à Guam, à la base américaine d'Amundsen-Scott au pôle Sud, et à Krugersdorp en Afrique du Sud, où se trouve une station similaire à Pine Gap. Mais il est difficile d'obtenir des renseignements à son sujet. La plupart des 1 200 personnes qui y travaillent se font passer pour des employés consulaires américains.

Comme l'expliquait Frank Reuven, journaliste, producteur, et ex-président de *NBC News* : « Les nouvelles sont ce que nous voulons supprimer. Tout le reste est de la publicité. »

Les perturbations climatiques

L'homme n'a pas tissé la toile de la vie,
il n'est qu'un fil de tissu. Tout ce qu'il fait à la toile,
il le fait à lui-même.
SEATTLE, chef indien Suquamish.

L'IPCC (Intergovernmental Panel on Climate Change), que nous appelons en France le Giec (Groupe d'Experts Intergouvernemental sur l'Évolution du Climat), est le plus important groupe d'experts créé en 1988 par les Nations unies, à la demande du G7. Son rôle consiste à examiner, valider et synthétiser les travaux publiés sur le climat par les chercheurs du monde entier pour les transmettre aux décideurs politiques et au grand public. Il a reçu le prix Nobel de la paix en 2007 avec l'ancien vice-président des États-Unis, Al Gore.

Son quatrième rapport a fait l'effet d'une bombe et met un terme aux arguties sans fin sur l'origine humaine ou naturelle du réchauffement de la planète. Ce rapport l'attribue bien aux activités humaines, avec 90 % de certitude. Les experts tablent sur une hausse de 1,1 à 6,4 °C de la température moyenne de la planète en 2100, avec une fourchette plus probable de 1,8 à 4 °C.

Pour ces experts : « L'urgence est évidente. Il est très clair que nous ne parlons pas d'un changement climatique dans un avenir proche, mais qu'il nous affecte déjà », assurait au printemps le président du Giec, l'Indien Rajendra Pachauri, souhaitant que « la communauté internationale commence, sur cette base, à avancer dans la bonne direction ».

« Aujourd'hui, on a l'exemple du Darfour, mais dans les années à venir on s'en apercevra plus encore avec la course aux énergies, l'insuffisance des capacités alimentaires qui vont conduire à des situations de crises géopolitiques, voire de guerres », a déclaré à ce sujet Karine Gavand. Cette responsable de la campagne « Climat » à Greenpeace France, espère réveiller la conscience de la communauté internationale.

Pendant ce temps, Claude Allègre, géochimiste de formation, fait partie de ceux qui persistent à mettre en doute ce qu'il appelle le « dogme » du réchauffement climatique d'origine humaine. Le 21 septembre 2006, dans sa Tribune de *L'Express*, il a déclaré : « La cause de cette modification climatique est inconnue. Est-ce l'homme ? Est-ce la nature ? Les archives glaciaires ou historiques nous indiquent que le climat est un phénomène capricieux. Les théories météorologiques mathématiques le confirment. » Il est certain que ce personnage n'est pas de ceux qui vont faire bouger les consciences. Cela risquerait de perturber ses propres « dogmes ». Il est plus confortable de parler des « caprices » du climat, et de rejeter en bloc ce qu'il nomme les « pleurnicheries écologiques », en faisant taire la « secte verte ». Même en connaissant bien l'individu, on s'attendait à des arguments plus « scientifiques » de la part de quelqu'un qui se targue de l'être.

En réponse, plusieurs climatologues ont adressé une courte lettre de protestation à l'Académie des sciences, à l'Institut national des sciences de l'univers (INSU), au ministère de la Recherche et à *L'Express*, critiquant un système d'argumentation qui repose sur la caricature grossière des thèses de ses adversaires, voire la présentation tronquée de leurs travaux. Cependant, une partie du grand public a retenu ces ridicules déclarations, et certains les mettent en avant car elles proviennent de personnalités « responsables ».

Signalons à ce sujet que ce même Allègre déclare à qui veut l'entendre que « le développement des OGM permettra aux plantes de résister à la pénurie d'eau et d'éviter les engrais », ce qui est exactement le contraire de ce qui se produit, comme nous le verrons plus loin.

Le secrétaire général de l'ONU Ban Ki Moon, qui a succédé à Kofi Annan en 2007, a organisé à New York un sommet sur le climat en présence de plus de soixante-dix chefs d'États et a lancé une mise en garde : « Le temps du doute est passé. Le Giec a affirmé sans équivoque que notre système climatique se réchauffe et que c'est directement dû aux activités humaines : la réponse que nous y apporterons définira notre époque et déterminera l'héritage que nous laisserons aux générations futures. »

Martin Parry, qui copréside le « groupe de travail sur les impacts » du Giec, est formel : « Malgré tous les discours, la situation s'aggrave. Les niveaux de gaz à effet de serre continuent d'augmenter dans l'atmosphère et le taux d'augmentation s'accélère. Nous voyons déjà les effets des changements climatiques et l'ampleur de ces impacts s'accélérera également, jusqu'à ce que nous nous décidions à faire quelque chose. »

N'oublions pas qu'en décembre 2006, le quotidien britannique *The Independent* accusait Exxon d'avoir dépensé plus de 19 millions de dollars pour financer la désinformation climatique depuis 1998, et qu'en janvier 2007, *The Guardian* annonçait à son tour que ce groupe industriel, proche de l'administration Bush, avait proposé une enveloppe de 10 000 dollars à un ensemble de scientifiques sélectionnés afin qu'ils écrivent des articles contredisant les résultats du quatrième rapport du GIEC9, alors en cours d'achèvement. Cette annonce arriva au moment même de la publication des résultats d'Exxon Mobil pour l'exercice 2006, qui montraient un bénéfice jamais encore atteint de 39,5 milliards de dollars, essentiellement dû à la hausse des prix du pétrole observée de 2004 à 2006.

Louis Fortier, océanographe et biologiste de l'université Laval au Québec, est titulaire de la Chaire de recherche sur les écosystèmes marins arctiques et directeur d'Articnet, le plus important programme de recherche sur les changements climatiques à travers le Canada.

Articnet regroupe des scientifiques et des gestionnaires en sciences naturelles, sciences de la santé et sciences sociales avec des organisations inuites, des communautés nordiques, et différents organismes fédéraux, provinciaux et du secteur privé, pour étudier les impacts des changements climatiques dans l'Arctique canadien côtier. Plus de quatre-vingt-dix chercheurs, issus de vingt-trois universités canadiennes et de cinq ministères fédéraux, collaborent avec des équipes de recherche de nombreux pays : États-Unis, Japon, Danemark, Suède, Norvège, Pologne, Royaume-Uni, Espagne, Russie, Groënland et France.

La situation est difficile pour ces chercheurs car le Canada est le premier fournisseur de pétrole brut des États-Unis d'Amérique et l'Alberta s'est classée première parmi les provinces les plus riches, justement grâce à l'industrie pétrolière. Aussi, malgré les répercussions environnementales catastrophiques de l'exploitation des sables bitumineux, le gouvernement hésite à mettre en place la politique nécessaire pour atteindre les objectifs visant à réduire les gaz à effet de serre.

Le 24 avril 2008, dans un entretien avec Louis-Gilles Francœur, journaliste au *Devoir* – qui n'appartient à aucun des grands conglomérats de la presse canadienne –, Louis Fortier annonçait que l'accélération des changements climatiques est bien supérieure à toutes les prévisions. « Ce qui se passe actuellement accélère la mutation du climat au-delà de toutes les prévisions. Parce que plus la calotte polaire fond rapidement en été, plus l'océan Arctique absorbe la chaleur solaire. Ce qui accélère la fonte de la glace l'année suivante parce qu'elle est moins épaisse d'une année à l'autre. » Il pense que les scientifiques du Giec ont été trop timides, car le Giec est commandité par les gouvernements.

« On prévoyait, il n'y a pas vingt ans, que la calotte polaire disparaîtrait vers 2070-2080 si les concentrations de gaz carbonique continuaient d'augmenter. Puis, des modèles plus perfectionnés ont prédit que l'océan Arctique serait libre de glace solide en été, vers 2030. Et au rythme où l'on mesure maintenant la diminution du couvert de glaces, cela va se produire vraisemblablement dans sept ans environ, vers 2015, à moins d'épisodes météorologiques imprévus. La calotte polaire de l'océan Arctique a perdu l'été dernier 1,2 million de kilomètres carrés supplémentaires par rapport à 2006. Il y a une trentaine d'années, cette calotte affichait une surface de huit millions de kilomètres carrés, mais elle n'en compte plus aujourd'hui que quatre millions. » Selon Louis Fortier, les scientifiques ne peuvent plus hésiter et « doivent dire ce qu'ils savent », quitte à risquer de passer pour alarmistes.

James Hansen, qui dirige le Goddard Institute pour les études spatiales de la NASA, n'hésite pas à dire ce qu'il pense, et cela lui vaut une relation plutôt glaciale avec l'administration Bush. En 2005, il a accusé la Maison-Blanche et la NASA d'avoir tenté de le censurer. Ce n'est pas étonnant, puisque le président G.W. Bush s'est toujours opposé à tout programme important de réduction des émissions de gaz à effet de serre en disant qu'elle nuirait à l'économie du pays.

Alors qu'il a lui-même été l'un des responsables de la définition d'une cible à 450 ppm de CO^2, Hansen soutient aujourd'hui que ce taux, préconisé par l'Europe comme objectif pour la deuxième phase de Kyoto, est trop élevé car si les modèles mathématiques démontrent que c'est le nouveau seuil de l'irréversibilité, la paléontologie nous apprend au contraire que c'est autour de 350 ppm qu'il faut situer ce seuil critique, soit la concentration de CO^2 atmosphérique des années quatre-vingt-dix. Hansen et huit autres climatologues se sont référés aux preuves fournies par l'histoire de la Terre qui, à leurs yeux, donne une image beaucoup plus précise. Ils ont étudié des échantillons de carottes prélevées sur le fond de l'océan, ce qui leur a permis de reconstituer les niveaux de CO^2 sur une échelle de plusieurs millions d'années. Ces relevés montrent que lorsque le monde a commencé à se refroidir, il y a environ 35 millions d'années, au début de la période glaciaire, la concentration de CO^2 dans l'atmosphère était alors d'environ 450 ppm.

Interrogé le 7 avril 2008 par Ed Pilkington, du *Guardian*, Hansen affirme que cette réduction est nécessaire si « l'humanité veut conserver une planète semblable à celle sur laquelle la civilisation s'est développée ».

Hansen annonce tout de même une bonne nouvelle en signalant qu'il reste encore des réserves de combustible fossile, alors que les sources d'énergies alternatives se mettent en place rapidement : « Des intérêts particuliers ont fait obstacle à la transition vers les énergies renouvelables du futur. Au lieu de progresser rapidement dans cette direction, les entreprises productrices d'énergies fossiles décident de semer le doute au sujet du réchauffement climatique, de la même manière que les entreprises du tabac ont cherché à discréditer le lien entre la cigarette et le cancer. Les méthodes sont sophistiquées et incluent des financements visant à définir le contenu des manuels scolaires. Les dirigeants de ces entreprises savent ce qu'ils font et sont conscients des conséquences à long terme de la poursuite de leurs activités. Selon moi, ces dirigeants devraient être traînés en justice pour crime contre l'humanité et la nature. »

Il a ajouté que nous sommes dans une situation d'urgence et que les dirigeants mondiaux ont seulement un à deux ans pour agir avant que la Terre n'atteigne un

« point de non-retour » avec des conséquences majeures pour le climat mondial et la survie des espèces : « Maintenant, comme en 1988, une évaluation franche des données scientifiques conduit à des conclusions qui sont choquantes pour la classe politique. Mais la différence aujourd'hui est que nous avons épuisé tout le temps nécessaire au désamorçage de la bombe climatique. Le prochain président et le prochain Congrès devront impérativement définir l'année prochaine une politique qui fasse des États-Unis un leader dans ce domaine, à l'échelle de sa responsabilité dans la situation actuelle. »

Il n'hésite pas à avancer que si nous conservons ce niveau de 450 ppm suffisamment longtemps, il va probablement entraîner la fonte de toute la glace, « ce qui déclencherait une montée du niveau de la mer de 75 mètres. Ce que nous avons observé, c'est que l'objectif que nous avons déterminé ensemble provoquerait un désastre, un désastre garanti », a-t-il déclaré au *Guardian,* le 23 juin 2008.

Louis Fortier se dit d'accord avec les conclusions de James Hansen, « si l'on désire sauver la civilisation ». Car il n'est pas du tout sûr que nous sommes collectivement prêts à faire face à des changements climatiques aussi importants et à si court terme, bien qu'ils risquent de menacer la paix internationale avec leur cortège de réfugiés, les affrontements pour le contrôle des eaux douces raréfiées, et tout ce qui s'ensuivrait.

Il est évident qu'après la disparition de la calotte polaire, le climat de l'hémisphère Nord va basculer très rapidement et que les températures tempérées que nous connaissons vont disparaître à leur tour.

Toujours dans l'article du *Devoir*, Louis Fortier nous avertissait qu'un chercheur de l'École navale supérieure d'océanographie des États-Unis a souhaité intégrer ces variables et ces conclusions dans un modèle. « Les conclusions se sont avérées tellement inquiétantes que ce chercheur a décidé de ne pas les publier pour ne pas faire peur au monde. »

Lors de son intervention à la Conférence sur les changements climatiques d'Exeter, en septembre 2008, Chris Rapley, le directeur du British Antarctic Survey – qui avait signalé le 12 mars 2006 que 13 000 km^2 de banquise avaient disparu en cinquante ans –, a comparé l'Antarctique à un « géant qui se réveille » et qui pourrait contribuer significativement à la hausse du niveau de la mer. En effet, la fonte de la banquise sur la péninsule Antarctique a accéléré le mouvement des glaciers vers l'océan et, depuis la disparition progressive de la banquise qui retenait les glaciers, ces derniers glissent à présent six fois plus vite vers la mer.

« Il n'y a plus aucun doute que le climat de la planète change, modifiant les écosystèmes terrestres et marins avec des conséquences difficiles à prédire », a répété le président de la conférence, Dennis Tirpak, devant une centaine de scientifiques réunis au siège de l'Office météorologique britannique. Il a précisé que « neuf des dix dernières années se sont révélées les plus chaudes depuis le début des relevés météorologiques en 1861 » et que « depuis les années 1970, le changement climatique a accru la fréquence et l'intensité des épisodes de sécheresse ».

En Asie, « la répétition des inondations et des sécheresses est déjà visible », a estimé Rajendra Pachauri, président du Giec, qui travaille sous l'égide de l'ONU. Déjà, en 2001, ce groupe avait prévu une augmentation du niveau de la mer comprise entre 11 et 77 cm d'ici la fin du siècle, toutefois il considérait que la contribution des glaciers de l'Antarctique à ce phénomène serait peu significative. Mais les études récentes montrent que la fonte des glaciers du pôle Sud serait responsable de 15 % de l'augmentation mesurée. Au cours de son intervention, un autre participant de la Conférence d'Exeter, le climatologue anglais Jason A. Lowe, a démontré que la disparition des glaces du Groënland provoquerait une élévation de 7 mètres du niveau des mers.

Il est alarmant d'observer en détail la dislocation de la banquise bordant la péninsule Antarctique. En 1995 le plateau Larsen A, long de 75 km et large de 37 km, se décrochait puis se fragmentait en icebergs dans la mer de Weddel. Sur la face ouest de la péninsule, le plateau Wilkins d'une taille de 1 100 km^2 s'est détaché en 1998. Le 19 mars 2002, un satellite de la NASA observait l'effondrement du plateau Larsen B, d'une surface de 3 850 km^2 et 200 mètres de haut, qui contenait 720 milliards de tonnes de glace.

Pour mieux essayer de nier l'impact humain sur le réchauffement planétaire, certains se réfèrent au fait que les deux pôles ont réagi différemment, bien que le rayonnement solaire et le niveau des gaz à effet de serre dans l'atmosphère soient les mêmes. Peu de changements ont été constatés au pôle Sud. Cependant, James Overland, océanographe du Pacific Marine Environmental Laboratory de Seattle, fait constater que dans le nord, le réchauffement climatique et la variabilité naturelle du climat se sont renforcés l'un et l'autre, créant en Arctique une situation nouvelle caractérisée par une calotte de glace bien moins étendue que par le passé. D'autre part, il indique que le trou d'ozone dans l'Antarctique a modifié la situation en y maintenant des températures plus faibles sur la majeure partie du continent, excepté la péninsule pointant vers l'Amérique du Sud : « Il y a donc une explication scientifique donnant la raison pour laquelle nous ne constatons pas d'importants changements dans l'Antarctique tels que ceux que nous voyons dans l'Arctique. »

James Overland ajoute que lorsque le trou d'ozone diminuera dans les années à venir, le réchauffement de la planète commencera à influer également sur le pôle Sud [1].

Le 12 mai 2008, sous la plume de David Adam, *The Guardian* signalait que l'agence fédérale noaa (National Oceanic and Atmospheric Administration) confirmait que le dioxyde de carbone, le principal gaz à effet de serre, s'accumule dans l'atmosphère plus rapidement que prévu. La moyenne annuelle du taux de croissance pour 2007 était de 2,14 ppm. « C'est la quatrième fois au cours des six dernières années que la hausse annuelle excède 2 ppm. De 1970 à 2000, l'augmentation était d'environ 1,5 ppm chaque année, mais depuis 2000, les valeurs enregistrées sont en moyenne de 2,1 ppm. »

Les nouvelles mesures effectuées viennent renforcer les inquiétudes sur l'éventualité d'une évolution incontrôlable du changement climatique. Ainsi, les scientifiques de l'observatoire de Mauna Loa, à Hawaï, constatent que le niveau de CO^2 dans l'atmosphère est désormais de 387 ppm, soit une hausse de près de 40 % depuis le début de

1. AP, 2 mai 2008, Randolph E. Schimd.

la révolution industrielle. Selon eux, il s'agit de la valeur la plus élevée jamais atteinte depuis au moins 650 000 ans.

Toujours d'après le même numéro du *Guardian* : « Les scientifiques estiment que cette accélération pourrait indiquer que la Terre est en train de perdre sa capacité naturelle à absorber les milliards de tonnes de carbone répandus dans l'atmosphère chaque année. Les modèles climatiques prennent pour hypothèse que la moitié environ de nos émissions futures de CO^2 seraient absorbées par les forêts et les océans, mais ces nouveaux chiffres confirment que cette estimation pourrait être trop optimiste. »

Il est bien connu qu'étant le poumon de la planète, la forêt amazonienne joue un rôle important dans ce processus. Or durant le mois d'août 2008, elle a perdu 756 kilomètres carrés de bois, en grande partie à cause de l'abattage et des incendies qui s'ensuivirent. Cette disparition représente plus du double de la superficie anéantie au mois de juillet de la même année, ce qui fait craindre le pire pour son avenir. Ainsi, l'année 2008 aura été particulièrement destructrice puisque la disparition des arbres y a augmenté de 229 %, en comparaison avec 2007.

L'Amazonie subit de nombreux incendies d'origine humaine, car une fois les bois coupés, les éleveurs et les agriculteurs mettent le feu afin de transformer ces espaces en champs ou en pâturages. Contrairement aux arbres évoluant dans un climat plus tempéré, les arbres d'Amazonie ne se relèvent pas d'un incendie : ce qui disparaît ne reprend pas vie.

Les scientifiques de toutes disciplines sont nombreux à partager l'opinion tranchée d'Hansen. Ainsi, Emmanuel Lézy, maître de conférences en Géographie à l'université

Paris X Nanterre, pense lui aussi que les glaces de l'Antarctique fondent beaucoup plus vite que prévu. Autrefois, « on limitait l'augmentation du niveau des eaux, consécutive au réchauffement climatique, à la seule dilatation de l'eau sous l'effet d'un réchauffement estimé le plus souvent à 2 °C. Cette augmentation devait se faire de façon très progressive et n'était pas supposée faire sentir ses effets, d'ici à la fin du siècle, ailleurs que sur les îles du Pacifique, au Bengladesh et dans quelques villes européennes littorales, comme Venise, Arles ou Marseille ».

Il est évident que le tracé des littoraux, donc l'aspect géographique des continents, aura fortement changé dans quelques décennies. En Indonésie, en Birmanie, en Louisiane, au Yucatan, la terre cède ponctuellement mais brutalement du terrain face aux eaux de la mer ou du ciel.

André Rouseau, du CNRS de Bordeaux, affirme que le réchauffement est lié au retournement magnétique en cours : « La Magnétopause qui protège la terre des vents solaires ayant tendance à se contracter, la surface d'impact est plus proche du sol, ce qui provoque un réchauffement climatique et un certain stress de l'ensemble des formes de vie terrestres, humaines comprises. Même si l'humanité prenait soudain conscience d'elle-même et adoptait d'un seul coup l'élégance écologique du Lakota, du Dogon ou du Warlpiri, il y a peu de chances que les mouvements en cours s'inversent d'eux-mêmes. »

Nicholas Stern, économiste britannique, ancien vice-président senior de la Banque mondiale de 2000 à 2003, a déjà lancé un cri d'alarme sérieux en publiant en octobre 2006 un rapport sur l'économie du changement climatique. Ce rapport indépendant était mandaté par le

Chancelier de l'Échiquier afin de permettre au Chancelier et au Premier ministre de mieux comprendre l'économie du changement climatique. Il affirmait que les émissions devraient être réduites d'au moins 25 % au-dessous des niveaux actuels pour éviter une dangereuse élévation de la température de plus de deux degrés, ce qui déclencherait une crise économique de l'ampleur de la Grande Dépression. Une telle réduction nécessiterait une baisse des émissions dans les pays développés de l'ordre de 60 %, cible que le gouvernement a adoptée dans le cadre de son projet de loi sur les changements climatiques.

Mais lors d'un entretien accordé en avril 2008 à l'agence Reuters, Lord Stern a admis que le rapport sous-estimait l'ampleur et le rythme des changements climatiques et a exhorté les hommes politiques à intensifier leur action pour la réduction des émissions de gaz à effet de serre. Il a alors déclaré que les derniers résultats des recherches sur le climat montrent que non seulement les émissions ont augmenté plus rapidement que prévu, mais aussi que la capacité de la Terre à absorber le dioxyde de carbone dans ce qu'on appelle des puits de carbone diminue plus rapidement que ce qui avait été estimé : « Les émissions croissent beaucoup plus vite que ce que nous avions pensé, la capacité d'absorption de la planète est inférieure à nos prévisions, les risques des gaz à effet de serre sont potentiellement plus élevés que ce que prévoyaient les estimations les plus prudentes, et la vitesse du changement climatique semble être plus rapide. »

On se rend ainsi compte à quel point les experts, même les plus honnêtes et les plus rigoureux, peuvent se tromper dans leurs évaluations. Ils ont tendance à sous-estimer les dommages qui nous menacent. Que dire alors de ceux qui trichent en toute connaissance de cause ?

Lord Stern a annoncé que pour minimiser les risques d'un changement climatique dangereux, l'objectif initial pour les émissions devrait être multiplié par deux, avec une réduction mondiale de 50 % en 2050. Il a précisé que pour atteindre un tel objectif, il faudrait que les États-Unis réduisent d'ici là leurs émissions de 90 %. Quel président osera imposer une pareille réduction à ses concitoyens ?

« Lord Stern est à juste titre en faveur d'une énorme accélération dans les efforts visant à lutter contre le changement climatique, a déclaré Tony Juniper, le directeur exécutif des Amis de la Terre. Le gouvernement britannique a un besoin urgent d'augmenter les investissements dans l'efficacité énergétique et les énergies renouvelables et de renforcer le projet de loi sur les changements climatiques pour y inclure l'objectif de 80 % de réduction des émissions de dioxyde de carbone d'ici 2050. »

Le Premier ministre Gordon Brown a indiqué que le nouveau comité chargé du changement climatique procéderait à un examen de la cible de 60 % et devrait ensuite recommander si elle doit ou non être modifiée.

Les déclarations de Lord Stern interviennent au lendemain de la publication des résultats d'une équipe d'océanographes britanniques et finnois qui, utilisant un nouveau modèle informatique, ont prédit que le niveau de la mer pourrait monter de 0,8 m à 1,5 m d'ici la fin de ce siècle, ce qui est déjà très optimiste comme nous venons de le constater, alors que les estimations du Groupe d'Experts des Nations unies prévoyaient que le niveau des mers s'élèverait de 28 à 43 cm.

Pour le résumer, le rapport Stern indique que le changement climatique menace les éléments de base de la vie pour des pans entiers de populations autour du globe, aussi bien pour l'accès à l'eau, la production de vivres, la santé et l'utilisation des sols ainsi que l'environnement. La fonte des glaciers augmentera les risques d'inondation, puis réduira fortement les approvisionnements en eau, menaçant un sixième de la population du globe, principalement dans le sous-continent indien, certaines parties de la Chine et dans les Andes en Amérique du Sud.

Le déclin des récoltes, spécialement en Afrique, pourrait laisser des centaines de millions de personnes incapables de produire ou d'acheter des vivres en quantité suffisante. Aux latitudes moyennes, les récoltes pourraient augmenter si les hausses de température étaient modérées (de 2 à 3 °C), mais, par contre, décliner avec un réchauffement plus prononcé. À 4 °C et plus, il est probable que la production mondiale de vivres sera sérieusement affectée.

Dans les latitudes plus élevées, les décès liés au froid diminueront. En revanche, le changement climatique augmentera dans le monde entier le nombre de décès dus à la malnutrition et à la chaleur. Les maladies comme le paludisme et la dengue pourraient se généraliser si des mesures de contrôle efficaces ne sont pas mises en place.

D'après l'océanographe et directeur de recherches au CNRS Jean-Claude Gascard, coordinateur du programme scientifique réalisé dans le cadre de l'Année Polaire, une fonte partielle, mais accélérée, des glaces du Groënland qui sont composées d'eau douce pourrait à la fois provoquer une élévation d'un mètre du niveau des océans avant la fin du siècle, mais aussi ralentir la montée des eaux du

Gulf Stream qui réchauffe les côtes et l'atmosphère de l'Europe occidentale. En conséquence, cela provoquerait un sensible refroidissement du climat sur la façade est de l'Atlantique Nord. « Dans ce cas de figure, c'en est fini des mimosas en Bretagne », résume Jean-Claude Gascard, qui prévoit, lui aussi, « une fonte totale de la banquise arctique en été à l'orée des années 2015 ».

Cet océanographe estime que l'effet de serre n'est plus le seul responsable du réchauffement climatique. « Il est désormais secondé, voire dépassé par l'effet Albédo, qui mesure le rapport de l'énergie solaire réfléchie par une surface sur l'énergie solaire incidente. En effet, 80 % de l'énergie solaire est réfléchie par une surface de glace ou de neige, contre seulement 10 % par l'océan. Ainsi, moins il y a de surface gelée pour renvoyer les rayons du soleil, plus la température augmente et se maintient sur et sous la surface en question. L'océan a de la mémoire et le réchauffement provoque du réchauffement. Ce mécanisme est maintenant durablement enclenché [2]. »

En outre, la fonte accélérée du pergélisol, sol gelé en permanence, notamment en Sibérie, pourrait libérer des quantités considérables de méthane enfouies dans le sol et augmenter la production de dioxyde de carbone par processus de biodégradation.

D'après les travaux du chercheur Louis Boutard, disparu en 1958, c'est la diminution de son magnétisme et le basculement des pôles qui seraient responsables du refroidissement de la Terre : « En effet, la Terre tourne toujours autour du Soleil en vingt-quatre heures, sauf

2. http://terresacree.org/archives.htm

qu'il s'agit là d'une mesure d'espace et non de temps. L'espace est régi par l'électrique, le temps par le magnétique qui est le vecteur de l'information, l'électrique étant le support de cette information. [...] Le temps de la Terre est compté par son magnétisme puisque c'est à ce niveau que se stocke sa mémoire. Nous utilisons cette mémoire en consommant de plus en plus d'énergie (véhicule du magnétisme informationnel, les porteuses) nous libérons toutes les mémoires de la Terre enfermées dans le pétrole (liquide et gaz) dans les atomes (centrales), c'est ainsi que le magnétisme diminue et que les pôles vont basculer avec les conséquences que nous ne semblons pas avoir mesuré. Le magnétisme est responsable du froid, l'électrique du chaud, c'est pour cela qu'il faisait froid au pôle et chaud à l'équateur. Aujourd'hui, le pôle s'est éloigné, donc la banquise fond et ailleurs il fait plus froid. Le climat change car il est lié à tous ces phénomènes », nous signale Jacqueline Bousquet.

Quoi qu'il en soit, si l'on a un réchauffement de 3 ou 4 °C, des dizaines, voire des centaines de millions de personnes supplémentaires, seront victimes d'inondations chaque année en raison de la hausse du niveau des mers. Il y aura des risques graves et de plus grandes pressions pour la protection du littoral dans le Sud-Est asiatique (Bangladesh et Vietnam), dans les petites îles des Caraïbes et du Pacifique, ainsi que dans les vastes cités côtières. Selon certaines estimations, d'ici le milieu du siècle, deux cents millions de personnes pourraient être déplacés de façon permanente en raison de la hausse du niveau de la mer, d'inondations plus fortes et de sécheresses plus intenses.

Les écosystèmes seront tout particulièrement vulnérables au changement climatique, 15 % à 40 % des espèces étant potentiellement en danger d'extinction après un réchauffement de seulement 2 °C. D'autre part, l'acidification de l'océan, qui est un résultat direct de la hausse des niveaux de dioxyde de carbone, aura des effets majeurs sur les écosystèmes marins, entraînant éventuellement des conséquences négatives sur les stocks piscicoles.

D'autre part, le réchauffement peut provoquer des modifications soudaines des cycles météorologiques régionaux comme les pluies de moussons en Asie du Sud ou le phénomène El Niño, changements qui auraient de graves conséquences et menaceraient les moyens d'existence de millions de personnes. Ainsi, plus d'un cinquième du Bangladesh pourrait se retrouver sous l'eau si le niveau de la mer augmentait d'un mètre, ce qui est très probable, d'ici la fin du siècle. Quant à la forêt amazonienne, ce qu'il en reste pourrait être considérablement endommagé, et peut-être même irrévocablement, par un réchauffement de 2 à 3 °C.

Les canicules comme celle que l'on a connue en 2003 en Europe, où 35 000 personnes ont trouvé la mort et où les pertes agricoles ont atteint 15 milliards de dollars, seront fréquentes d'ici au milieu du siècle.

Enfin, les marchés financiers mondiaux pourraient être affectés par les phénomènes climatiques extrêmes à cause des coûts d'assurance plus élevés et plus volatils, et déclencher de violents conflits dans des régions telles que l'Afrique occidentale, le Bassin du Nil et l'Asie centrale [3].

3. Stern Review, World Resources Institute, CAIT (Climate Analysis Indicators Tool).

À son tour, le 15 avril 2008, l'hydrologue Wouter Buytaert de l'université de Bristol, a tiré la sonnette d'alarme lors d'une réunion de spécialistes des géosciences qui s'est tenue à Vienne. La période de fonte des glaciers et des neiges a lieu désormais plus tôt dans la saison, ce qui signifie que l'eau n'est plus disponible durant l'été au moment où des millions de personnes ont besoin d'elle, lorsque les pluies se font plus rares. « Dans certaines zones où les glaciers sont de petite taille, ils pourraient avoir disparu d'ici trente ou cinquante ans et une source régulière d'eau, en particulier durant les mois d'été, sera peut-être détruite.[4] »

Madame Buytaert a fait remarquer que dans la mesure où ils ne sont qu'un petit nombre à étudier l'hydrologie des montagnes, ce qu'ils ne savent pas encore pourrait être tout aussi préoccupant que ce qu'ils ont déjà observé : « Les montagnes sont considérées receler de l'eau partout et en permanence, alors les gens s'imaginent qu'ils pourront en avoir tout le temps, mais les montagnes sont des boîtes noires au sens scientifique du terme, il y a tellement de données manquantes dans nos modèles. Nous ne savons pas très bien ce qui s'y passe. »

L'hydrologue focalise ses recherches sur les régions méditerranéennes, mais elle indique que cette menace vaut également pour l'ensemble de la région des Alpes ainsi que d'autres massifs montagneux. Et le phénomène est mondial. La hausse des températures entraîne une fonte des eaux plus précoce dans l'année et les montagnes

---

4. Chaîne de TV américaine MSNBC, 15 avril 2008.

pourraient ne plus être en mesure de fournir cette ressource vitale durant les périodes sèches.

Les régions les plus exposées au risque d'un manque d'eau pour la consommation humaine et l'irrigation sont l'Afrique australe, les États-Unis, l'Amérique du Sud et la Méditerranée, ainsi qu'une partie du Moyen-Orient.

Toujours au cours de la réunion de Vienne, Daniel Viviroli, de l'université de Berne en Suisse, a estimé pour sa part que près de 40 % des régions montagneuses pourraient être en danger, car elles fournissent leur eau à des populations qui ne peuvent s'en procurer ailleurs. Ce sont les zones subtropicales, où vivent 70 % de la population mondiale, qui sont les plus vulnérables.

Avec une population mondiale qui devrait continuer à se développer rapidement, il n'y aura peut-être pas toujours suffisamment d'eau potable, et encore moins pour l'irrigation, qui utilise environ 70 % de l'eau provenant de la fonte des neiges et des glaciers.

En Afghanistan, pays qui abrite environ 3 500 glaciers, les effets du réchauffement climatique se font déjà ressentir dans la région de l'Hindu Kush, a observé Bruce Molnia, un chercheur du Geological Survey américain. Il a observé que « les glaciers sont de plus en plus petits », ce qui provoque des inondations plus fréquentes, et il a fait remarquer que dans certaines vallées la neige a complètement disparu durant les mois où elle recouvrait d'habitude les montagnes, et que certains bassins sont déjà à sec. « Et ce dont je parle ici est transposable dans pratiquement tous les pays qui sont tributaires de l'eau dès la fonte des glaciers de l'Himalaya. »

Les catastrophes qui concernent la terre ferme sont aussi valables pour les océans. Ainsi, une étude signale que les niveaux d'oxygène des océans dans les régions tropicales à une profondeur comprise entre 300 et 700 mètres ont diminué au cours des cinquante dernières années. Ces travaux étaient dirigés par Lothar Stramma de l'Institut Leibniz des sciences de la mer à Kiel, en Allemagne, et cosignée par Janet Sprintall, océanographe appartenant au Scripps (Institut de recherche océanographique) de San Diego, en Californie, ainsi que par plusieurs autres spécialistes. Les impacts écologiques de ce déclin pourraient avoir d'importantes conséquences biologiques et économiques.

Ces zones appauvries en oxygène peuvent se déplacer vers les zones côtières en raison des courants qui prennent leur source à mi-profondeur dans les océans tropicaux, là où les variations de la concentration en oxygène ont été observées, ainsi que le long de la côte ouest des continents.

« L'étendue de la zone pauvre en oxygène est en pleine expansion et se rapproche de la surface de l'océan », déclare Janet Sprintall, spécialiste de l'observation des changements des caractéristiques de l'océan, dont celle des températures [5].

Quant à Lisa Levin, océanographe spécialisée en biologie au Scripps, elle étudie les zones pauvres en oxygène dans les fonds marins et considère qu'une extension de ces régions pourrait entraîner une diminution de la biodiversité et une progression des organismes qui se sont adaptés à vivre dans les milieux hypoxiques, c'est-

5. SCRIPPS – Université de San Diego, (traduction Contre Info).

à-dire pauvre en oxygène. « Je pense que nous entrons dans une *terra incognita*, ces zones pourraient avoir une incidence sur le cycle nutritif, les relations entre les prédateurs et leurs proies et les migrations du plancton. Lorsque l'expansion de ces zones va empiéter sur les marges continentales, on pourrait assister à d'énormes changements dans les écosystèmes. »

Les pays qui se trouvent dans la zone tropicale Atlantique près des côtes africaines seraient les plus touchés. Dans cette région, l'épaisseur de cet espace pauvre en oxygène a déjà augmenté de 85 % [6].

D'après Craig Johnstone, des centaines de millions de personnes risqueraient de devoir ainsi abandonner leur terre dans la majeure partie de l'Afrique, ainsi que dans le centre et le sud de l'Asie et l'Amérique du Sud. Les populations du nord et l'ouest de l'Afrique pourraient migrer vers l'Europe, tandis que la frontière sud des États-Unis serait confrontée à un nombre accru de réfugiés en provenance de l'Amérique Centrale.

L'augmentation du niveau des mers pourrait également causer des ravages dans les communautés côtières en Asie du Sud, en Extrême-Orient, dans le sud des îles du Pacifique et les Caraïbes qui verraient leurs habitations submergées. Pour Craig Johnstone, « c'est une obligation pour ceux qui ont les moyens d'être utiles que d'aider. Ils ont une obligation d'assistance envers l'humanité [7] ».

Quant à Danny Sriskandarajah, responsable des études sur les migrations à l'IPPR (The Institute for Public Policy

6. « Élargissement des zones pauvres en oxygène dans les océans tropicaux », *Science*, 2 mai 2008.
7. Nigel Morris, *The Independent*, 30 avril 2008.

Research), il pense que « le déplacement de millions de personnes sera l'un des effets les plus dramatiques par lequel le changement climatique affectera l'humanité ». Même son de cloche chez Hilary Benn, Secrétaire de l'Environnement du gouvernement britannique : « Le changement climatique est la plus grave menace à long terme pour le développement dans les pays pauvres, et s'il n'est pas enrayé, des millions de personnes pourraient être forcés d'émigrer pour échapper aux effets de la sécheresse, des inondations, des pénuries alimentaires et de la montée du niveau de la mer. »

Il est peu probable que la montée des eaux annoncée pour le vingtième siècle soit progressive et uniforme. La variété des positions climatique, topographique et sismique laisse plutôt supposer une multiplication d'événements de type tsunami, cyclones, ouragans et typhons localisés, sporadiques et brutaux. La prise de conscience collective est d'autant plus délicate à déclencher que chaque accident est considéré comme un drame national et non une catastrophe globale.

Quoi qu'il en soit, il est indispensable de conseiller aux populations d'abandonner les zones exposées, de ne plus acheter près des rivages, de se tourner vers leurs ressources locales, d'apprendre à se chauffer sans électricité, à cultiver un jardin même s'il n'est pas collé à leur domicile. Il n'est pas inéluctable que ces prévisions se produisent à court terme, mais il vaut toujours mieux prévenir que guérir.

Le 16 mai 2008, le journal britannique *The Independant* titrait : « Une épidémie d'extinctions : décimation de la vie sur la terre ». Il révélait que les espèces animales disparaissaient à une vitesse sans précédent depuis la disparition des dinosaures et que le comportement humain était responsable de cette tragédie. L'étude, menée entre 1970 et 2005 sur quatre mille espèces différentes par la Zoological Society de Londres et le Global Footprint Network, confirmait que les espèces terrestres avaient diminué de 25 % sur terre, de 28 % dans les océans et de 29 % dans les eaux douces. Ces chiffres représentent une accélération 10 000 fois supérieure à la normale et laissent deviner les implications de cette dramatique réduction de la biodiversité sur la vie humaine.

Jacqueline Bousquet résume bien la situation : « Les lois Divines sont incontournables et l'homme moderne, totalement coupé de ses racines et du Divin, a cru, dans son immense orgueil, pouvoir dominer la nature et l'utiliser, ainsi que les animaux, comme des biens de consommation et de profit. Nous en constatons aujourd'hui les effets, alors que tout cela aurait pu être évité, et nous devrons en boire la coupe jusqu'à la lie. Nous avons irradié, pillé, massacré, empoisonné, inventé les ghettos. Nous avons privé de liberté et de dignité d'autres êtres, nous avons pollué nos pensées autant que notre environnement. Tout cela nous revient aujourd'hui avec la violence, la haine, l'égoïsme, la folie. Pour y faire face, il est urgent d'arrêter la désinformation. Il faut que nos concitoyens cessent de fermer les yeux sur une science aveugle, des politiques inconscients. Que chacun retrouve sa vraie place, sa dimension Humaine Supérieure et les vertus et qualités presque partout oubliées ou disparues. Que chacun se sente responsable, se prenne en charge, s'interroge et consulte son Guide intérieur pour un meilleur discernement personnel. »

La révolution verte

Contrôlez le pétrole, vous contrôlerez les nations;
Contrôlez la nourriture, vous contrôlerez
les populations.
Henry KISSINGER.

APRÈS AVOIR apporté son soutien financier à la soi-disant Arche de Noé végétale en Arctique, la fondation Bill et Melinda Gates a consacré des milliards pour soutenir le contrôle de la croissance démographique, principalement en Afrique. À présent, associée à la fondation Rockefeller, elle finance l'AGRA (Alliance pour une Révolution verte en Afrique), avec pour responsable l'ancien secrétaire général de l'ONU, Monsieur Kofi Annan.

Basée à Nairobi, au Kenya, l'AGRA, considérée aux États-Unis comme une organisation de bienfaisance, prétend aider des millions de petits agriculteurs à sortir de la pauvreté et de la famine en accroissant considérablement la productivité par l'application des technologies qui visent à transformer une agriculture « arriérée et peu performante » en une agriculture qui réponde à des critères modernes. La fondation Gates va investir 100 millions de dollars et la Fondation Rockefeller 50 millions, pendant les cinq prochaines années.

À l'origine, l'objectif des promoteurs de la Révolution verte relevait de préoccupations géopolitiques afin de nourrir la population des pays du tiers-monde et de diminuer les risques d'une révolution communiste. En Inde, au Mexique et aux Philippines, la Révolution verte a eu pour effet d'affaiblir les mouvements socialistes, mais la transition d'une agriculture traditionnelle vers le modèle prôné par la Révolution verte nécessitait de lourds investissements, ce qui a conduit au développement du crédit rural, facteur de fragilisation financière pour de nombreux petits agriculteurs.

Au Mexique, les dettes contractées par ces derniers les ont contraints à vendre leurs terres, comme cela s'est déjà produit en France il y a une vingtaine d'années avec les prêts du Crédit Agricole pour promouvoir l'agriculture intensive [1].

En Inde, plus de 25 000 agriculteurs se sont donné la mort depuis dix ans. Selon une étude publiée en 2002 dans la revue scientifique *The Lancet,* le taux de suicides des régions rurales du Sud a atteint 58 décès pour 100 000 habitants – triste record mondial –, alors que la moyenne dans les autres pays est de 14,5 pour 100 000.

Dans les pays du Sud, il y a 2,5 milliards de pauvres dont plus de 850 millions dans une extrême précarité. Les trois quarts d'entre eux vivent dans les campagnes et dépendent de l'agriculture pour leur survie. Mais ce n'est pas en copiant les recettes des pays du Nord qu'on leur permettra de survivre, ni en transformant le maïs en biocar-

1. Voir *Les Saigneurs de la Terre* par Camille Guillou, Albin Michel, 1997.

burant et encore moins en donnant d'énormes subventions à l'agriculture intensive.

La Révolution verte a surtout profité aux agriculteurs qui possédaient de grandes exploitations et un accès au crédit. Elle a donc souvent conduit à une accentuation des disparités sociales, économiques et régionales, à la déperdition du savoir traditionnel agricole et, dans certains pays, à une accélération de l'exode rural.

En Inde, elle a multiplié par dix la production de blé, et par trois la production de riz, mais elle a entraîné un usage excessif de pesticides et l'appauvrissement des sols ainsi pollués. Elle a donc contribué à réduire la biodiversité et a mis les agriculteurs sous la dépendance de l'industrie agro-chimio-pharmaceutique.

Sous la plume d'Andrew Malone, le *Daily Mail* du 3 novembre 2008 qualifiait cette crise de « Génocide OGM » et se faisait le porte-parole du prince Charles qui affirme que la question des OGM est à présent « une question morale mondiale » et que le moment est venu de mettre une fin à son avancée inexorable. Il a provoqué la colère des dirigeants des biotechnologies et de certains politiciens en condamnant « le taux vraiment effroyable et tragique de suicides chez les petits paysans indiens ayant pour cause l'échec de nombreuses variétés d'OGM ». Ces déclarations sont confirmées par les chiffres officiels du ministère indien de l'Agriculture qui signale qu'à présent plus de mille paysans se suicident chaque mois.

Le journaliste du *Daily Mail* s'est rendu lui-même dans l'état de Maharashtra. « Ce que j'ai découvert est extrêmement alarmant et a de profondes implications pour les pays – y compris le Royaume-Uni – où l'on débat pour savoir si l'on autorise ou non la culture de semences manipulées par des scientifiques pour contourner les lois de la nature. »

Village après village, des familles lui ont raconté comment elles se sont endettées après avoir été convaincues d'acheter des semences de coton OGM au lieu des semences traditionnelles. « Ce sont ces semences magiques qui nous étranglent. Ils nous vendent ces semences en nous disant qu'elles n'ont plus besoin de pesticides coûteux, mais ce n'est pas vrai. Nous devons acheter les mêmes semences aux mêmes compagnies chaque année, ce qui nous tue. S'il vous plaît, dites au monde ce qui se passe ici. »

Au moment des transactions, les vendeurs et représentants du gouvernement prétendaient que les semences OGM étaient 50 % plus chères, mais que le prix à payer était valable car il s'agissait de « semences magiques » avec de meilleures plantes, sans parasites ni insectes, ce qui s'est rapidement révélé être un mensonge. En vérité, la différence des prix est stupéfiante : 100 grammes de semences OGM coûtent 15 euros, alors que pour la même somme on peut acheter au moins 100 kg de semences traditionnelles. Le prix est donc 1 000 fois plus élevé.

On n'avait pas davantage prévenu les paysans que ces variétés nécessitaient deux fois plus d'eau que les autres. Aussi, avec la sécheresse des deux dernières années, les plantes OGM ont dépéri et sont mortes, laissant les paysans criblés de dettes et sans moyen pour les rembourser. Leurs suicides ne servent à rien car leurs femmes perdent de toute manière leur terre, n'ont plus les moyens de payer l'éducation de leurs enfants, et vont rejoindre les hordes de miséreux que l'on voit mendier par milliers, le long des routes de ce pays.

Il est certain que les autorités ne sont pas les seules responsables car en acceptant d'autoriser les géants des biotechnologies, comme Monsanto, à vendre leurs nouvelles créations semencières, elles espéraient échapper à l'extrême pauvreté des années qui succédèrent à l'indépendance. D'autant qu'au cours des années quatre-vingt et quatre-vingt-dix, en contrepartie de l'accès à son immense marché, l'Inde a reçu des crédits du Fonds monétaire international, ce qui l'a aidée à lancer une révolution économique.

Déjà, le 13 août 2008, le prince Charles avait confié au *Daily Telegraph* que la Révolution verte avait produit un certain effet pendant un court instant, mais qu'on devait maintenant en payer le prix. En effet, les nappes phréatiques sont vides, la chaîne alimentaire et les sources contaminées, l'écosystème empoisonné, la biodiversité détruite. On trouve des pesticides partout, non seulement dans les végétaux, mais aussi dans le lait maternel ou le sang humain. Nombreux sont ceux qui pensent que le Pendjab va être confronté à une épidémie de cancer, à cause de la Révolution verte.

On devrait informer de cette situation Claude Allègre, déjà cité, qui se permet d'affirmer de manière irresponsable que « le développement des OGM permettra aux plantes de résister à la pénurie d'eau et d'éviter les engrais », ou certains de ses pairs qui répandent les mêmes absurdités et que l'on écoute pourtant car ils sont couverts de diplômes ou occupent des postes importants.

Contrairement à ce personnage particulièrement « désinformé et heureux de l'être », le prince Charles est tellement révolté par la détresse des paysans qui se sont suicidés qu'il a fondé une association caritative, la Fondation Bhumi Vardan, dans l'intention de promouvoir des plantes biologiques indiennes au lieu des OGM et d'aider par la même occasion ceux qui sont touchés par cette crise humanitaire.

Mais cette détresse est loin d'émouvoir tout le monde. Après avoir financé la désinformation climatique comme nous l'avons constaté, ExxonMobil a profité de la Révolution verte aux Philippines pour y installer un vaste réseau de distribution de semences, d'engrais chimiques ou de pesticides. Le groupe ne pouvait plus se contenter de limiter ses activités aux 45 raffineries dans 25 pays avec une capacité de distillation de 6,3 millions de barils de pétrole par jour, et aux 42 000 stations-service dans plus de 100 pays sous les marques Exxon, Esso et Mobil. De toute manière, comme le préconise le bon sens populaire, il est toujours prudent de ne pas mettre tous ses œufs dans le même panier. Aussi, le jour où il n'y aura plus de pétrole, Exxon ne sera pas pris au dépourvu et pourra continuer à engendrer de substantiels bénéfices.

En 1960-1961, on a utilisé 5 000 tonnes d'engrais chimiques, alors qu'en 1998-1999, 1,3 million de tonnes, soit 260 fois plus, a provoqué dans les sols de graves déficiences en oligo-éléments.

Cette agriculture dépendante des produits chimiques – elle s'est accompagnée d'une augmentation de l'utilisation des pesticides – dépend aussi des énergies fossiles dont une grande partie est destinée à l'agriculture pour la seule synthèse des engrais, sans compter le carburant nécessaire au transport et aux machines. Cette forte consommation d'énergie va, non seulement augmenter le coût de la production des aliments, mais contribuer également au changement climatique.

Quant aux organochlorés, ils empoisonnent la terre et contaminent l'eau, notamment par les nitrates, mais ils favorisent aussi l'apparition de souches de moustiques résistantes aux pesticides. En outre, privées de matière organique, les espèces vivantes comme les bactéries, les champignons ou les vers de terre sont en train de disparaître à leur tour.

Selon le rapport mondial de la Fao (Food and Alimentation Organisation) sur l'alimentation, paru en 2006, l'agriculture mondiale a aujourd'hui la capacité de nourrir 12 milliards d'êtres humains alors que nous sommes 6,2 milliards et que plus de 900 millions de personnes sont sous-alimentés. Cela prouve bien que la faim n'est pas une fatalité, mais l'une des absurdités de la situation.

La Révolution verte a pris naissance sur le postulat que la famine était due à une pénurie d'aliments, alors qu'il s'agit d'un phénomène complexe de distribution et de partage, et que seule une approche holistique – et non des dons de nourriture – permettra de résoudre ce problème.

Pour comprendre l'aberration du système actuellement en place, il suffit de le comparer avec les nombreuses alternatives agro-écologiques qui ont fait leurs preuves en Afrique et qui respectent le droit des peuples de disposer d'aliments culturellement et climatologiquement appropriés, produits par des méthodes écologiquement rationnelles et durables, et leur droit à choisir leurs propres systèmes agroalimentaires.

We Feed the World, Le Marché de la Faim, film documentaire autrichien réalisé par Erwin Wagenhofer et sorti en 2007, a été inspiré par le livre de Jean Ziegler, *L'empire de la honte*. À l'occasion de la sortie du film, Jean Ziegler, homme politique, sociologue, écrivain et rapporteur spécial des Nations unies pour le droit à l'alimentation, a déclaré que le niveau actuel de production de nourriture dans le monde est suffisant pour nourrir l'ensemble de la population mondiale et qu'il faut chercher la cause de la faim dans la « répartition aberrante des richesses ».

Dans ce système, au lieu de développer des cultures vivrières, en 2006 le Brésil a détruit 16000 hectares de forêt amazonienne pour la transformer en culture de soja qui sera utilisé à nourrir les poulets européens élevés en batterie, et l'Afrique reçoit à bas prix des tomates cultivées en Europe, ce qui ruine les agriculteurs locaux.

Interviewé par le journal *Libération*, à l'occasion de la sortie du film, Jean Ziegler a déclaré : « La tragédie réside dans le fait qu'au moment même où le bonheur serait matériellement possible, nous vivons une reféodalisation du monde, avec une captation de ces immenses richesses nouvellement créées par une oligarchie transcontinentale détentrice du capital financier. Grâce aux subventions et aides à l'exportation attribuées par leur gouvernement aux paysans des pays du Nord, sur n'importe quel marché africain, on peut acheter des légumes ou des fruits italiens, français, portugais ou espagnols aux deux tiers ou à la moitié du prix de produits autochtones ! Le paysan africain peut bien travailler avec sa femme quinze heures par jour, il n'a pas la moindre chance de conquérir un minimum vital suffisant pour sa famille. Sur 52 pays africains, 37 sont des pays presque exclusivement agricoles, et l'on s'étonne que des milliers de jeunes Africains risquent leur vie dans l'Atlantique pour débarquer en Sicile ou aux Canaries. Ce sont des réfugiés de la faim. »

Dans diverses régions de l'Inde, la Révolution verte a ainsi remplacé la culture des légumes secs par celle du blé, qui ne correspond pas au régime alimentaire des paysans. De même, les pesticides employés dans la production du riz en Inde ont éliminé le poisson et certaines plantes sauvages qui nourrissaient les paysans indiens. Ainsi, les sols sont à présent ravagés et stériles. Dans certaines régions, le niveau des nappes phréatiques a baissé dans des proportions dramatiques alors que dans d'autres, les terres, mal drainées, sont saturées d'eau. Mais aucun rapport officiel n'a encore signalé l'exode rural massif des paysans qui se retrouvent chômeurs dans les villes, ni le déclin des rendements.

Krishna Reddy, secrétaire général du syndicat agricole All India Kisan Sabha, n'hésite pas à affirmer que le gouvernement et les multinationales se sont mis d'accord pour mettre à genoux les petits paysans. « Ce qu'ils veulent, c'est nous faire partir et remembrer les terres pour créer de vastes exploitations industrielles : il n'y en a plus aujourd'hui que pour l'agrobusiness. »

Déjà, en janvier 2001, le *Courrier de l'Unesco* citait S.P. Mittal, directeur scientifique de l'Institut de recherche central sur la conservation des sols et de l'eau de Chandigarh, la capitale du Pendjab : « Le niveau de la nappe phréatique a baissé d'un à trois mètres sur plus de 75 % du territoire de l'État. [...] Les paysans sèment le riz en mai pour pouvoir récolter avant le 1er septembre, date à laquelle l'État cesse de garantir les prix d'achats. Or, durant cette saison chaude, il faut beaucoup d'eau. »

Le même journal expliquait : « Un million et demi d'hectares seraient déjà dégradés. Si la tendance se poursuit, les rendements moyens par hectare vont décroître, tandis que les engrais, toujours plus nécessaires, feront monter les coûts de production. Une équation mortelle pour les petits paysans, qui possèdent plus de la moitié des 1,2 million de fermes du Pendjab. Plusieurs enquêtes ont montré que pour continuer à produire, la majorité des agriculteurs du Pendjab s'endettent à court terme à des taux d'intérêt très élevés. Du coup, en dix ans, selon une étude réalisée en 1999 par l'université du Pendjab, le taux de suicide des paysans a quadruplé alors qu'il baisse dans le reste de l'Inde [2]. »

Pour Jean Ziegler, le dessein véritable de l'AGRA est d'aider les grandes agro-industries à pénétrer les systèmes agricoles et les dominer. « L'AGRA de Kofi Annan n'est rien d'autre que la façade philanthropique d'un vaste réseau d'entreprises de semences, de produits chimiques et d'engrais, et d'institutions qui cherchent à industrialiser l'agriculture africaine. La forte campagne de l'AGRA pour une nouvelle Révolution verte vise à attirer les investissements privés, à engager les gouvernements, et à convaincre les agriculteurs africains d'acheter des semences et des engrais nouveaux. L'AGRA est en train de préparer les chercheurs, les institutions et les agriculteurs africains à l'introduction des cultures OGM, non

2. Kumkum Dasgupta, journaliste basée à New Delhi, collaboratrice du bimensuel écologique et scientifique *Down to Earth.*

seulement le riz, le blé et le maïs, mais aussi le manioc, le plantain et d'autres produits alimentaires africains. »

De toute manière, malgré les belles promesses, le coût de production augmente aussi rapidement que fortement. Celui de la tonne de blé qui est passé de 30 dollars en 1984-1985 à 80 dollars en 1997-1998 est à présent de 170 à 180 dollars.

En vérité, cette révolution est un prétexte pour breveter les semences car, tant qu'elles se reproduiront d'elles-mêmes, il sera extrêmement difficile pour l'agrobusiness de contrôler cet élément essentiel du secteur agricole. Une fois que la production de semences sera totalement retirée aux agriculteurs, le secteur agricole tombera encore davantage sous le contrôle des lobbies. Inutile de préciser que ce projet va passer très rapidement du stade de semences hybrides stériles à la production d'organismes génétiquement modifiés et l'établissement d'un régime totalitaire de propriété intellectuelle et de brevets.

Il est donc certain que la Révolution verte en Afrique aura les mêmes conséquences que la Révolution verte en Inde, où les fonds publics financent la construction d'un grand centre exclusivement consacré à la génétique des plantes.

Le directeur du Centre, le professeur Asis Datta, a mis au point une pomme de terre transgénique enrichie en protéines, la « protato », afin d'améliorer la qualité de la nutrition. Le généticien est persuadé que la génétique va résoudre les problèmes alimentaires de l'Inde. « À condition de ne pas laisser les firmes privées s'emparer totalement de ce domaine stratégique », précise-t-il avec beaucoup de naïveté.

À l'opposé, la physicienne Vananda Shiva, fondatrice de l'ONG Navdania, association pour la conservation de la biodiversité et la protection des droits des fermiers, mène depuis vingt ans un combat acharné contre le génie génétique et les multinationales de l'agroalimentaire, et essaie d'introduire massivement dans le pays les méthodes de culture sans engrais et sans pesticides. « On a réussi à doubler le taux de protéines de cette patate pour le faire passer de 2,5 à 5 %. La belle affaire ! Le millet, une graminée cultivée en Inde depuis des millénaires, en contient 10 %. À quoi bon dépenser des millions de dollars dans des recherches qui ne servent à rien ? »

Il est vrai que ces millions de dollars ne servent à rien en ce qui concerne la faim dans le monde, mais ils servent très bien les intérêts des multinationales. La ferme de Navdanya est une banque de semences modèles qui a permis à plus de 10 000 fermiers d'Inde, Pakistan, Tibet, Népal et Bangladesh de redécouvrir une agriculture saine et naturelle. Mais elle a encore beaucoup à faire avant de convertir les 700 millions de paysans indiens à ces méthodes douces. Vananda Shiva a reçu le prix Nobel alternatif en 1993 ainsi que d'autres récompenses pour son travail de sauvegarde de la planète.

Pour en revenir à l'Afrique, nouvelle cible du gouvernement américain qui s'évertue à répandre des OGM à travers la planète, la richesse de son sol en fait un candidat idéal. Il y a des années que la Fondation Rockefeller projette d'introduire massivement les OGM en Afrique, et elle est en train d'arriver à ses fins.

Monsanto, bien connu pour être le plus grand pollueur de la planète, est bien installé en Afrique du Sud, dont le gouvernement entretient d'étroites relations avec les multinationales. Le groupe suisse Syngenta, considéré comme le quatrième cavalier de l'Apocalypse OGM, dépense à Nairobi des millions de dollars. La firme a conçu un programme pompeusement appelé « Seeds of hope » (Graines d'espoir), qui consiste à distribuer aux petits fermiers des paquets de graines OGM brevetées. Il est certain que ces « graines d'espoir » vont très rapidement devenir des « graines de suicide », comme elles ont été baptisées par Vananda Shiva en Inde.

On peut évidemment se demander ce qui pousse les Fondations Rockefeller et Gates – excepté l'appât du gain – à développer en Afrique la culture des OGM qui ont ruiné l'écologie et les paysans de nombreux pays, tandis qu'elles investissent en même temps des dizaines de millions de dollars pour préserver dans le Spitzberg chaque variété de culture vivrière de la planète. Depuis février 2008, le Svalbard Global Seed Vault est opérationnel.

Cette « Banque de graines » est une immense chambre forte d'une profondeur de 120 mètres, qui représente un volume de stockage de 1 500 m^3, ce qui correspond à 4,5 millions de graines différentes. Conçue pour « résister aux cataclysmes naturels et humains », elle devrait permettre à l'agriculture de s'adapter ainsi aux défis imposés par les changements climatiques et les catastrophes d'origines naturelles ou humaines.

Située dans l'archipel arctique du Svalbard à environ 1 120 km du pôle Nord, la chambre forte est à 130 mètres au-dessus du niveau de la mer, ce qui lui permettra de rester au sec en cas de fonte des glaces et d'élévation du niveau des océans.

L'installation est financée par la Fondation Rockefeller, la Fondation Bill et Melinda Gates, la Fondation Syngenta, Monsanto Corporation, DuPont, et le gouvernement de Norvège, ainsi que divers organismes privés. Elle est gérée par un accord tripartite entre le gouvernement norvégien, l'organisation internationale Global Crop Diversity Trust et la banque génétique nordique. Jamais, au cours de la longue histoire de l'humanité, personne n'a détenu un tel pouvoir sur la chaîne alimentaire.

William Engdahl, diplômé en Sciences politiques de l'université de Princeton, a publié plusieurs ouvrages et de très nombreux articles sur des questions de politique, géopolitique, économie, énergie et agriculture, ainsi que sur l'Organisation mondiale du commerce et sur le Fonds monétaire international. Ses premiers travaux remontent au premier choc pétrolier et à la crise céréalière mondiale du début des années 1970. Il énumère les gens qui participent financièrement à la création de cette « banque de semences en cas d'apocalypse » et leur intérêt commun pour le « tout génétique ». Il fait remarquer que si l'on prend la peine de creuser la question, sous le discours scientiste, positiviste et glorifiant le marché et la libre entreprise, on découvre comme unique avenir une agriculture fournisseuse de *cash crops*, c'est-à-dire de semences qui rapportent beaucoup d'argent aux vendeurs, plutôt que d'aliments pour la population locale.

Ainsi, le géant de l'agriculture industrielle DuPont/Pioneer Hi-Bred est le plus grand détenteur au monde de brevets agricoles pour des semences OGM et les produits agrochimiques qui les accompagnent ; Syngenta, la multinationale basée en Suisse, est spécialisée dans les OGM et les semences agro-industrielles, et la Rockefeller Foundation, à l'origine de la « révolution génétique », a investi plus de 100 millions de dollars ces trente dernières années dans la recherche génétique. Il s'agit donc plutôt de « promotion génétique » que de sauvegarde de graines millénaires.

« Généreusement financée par la Fondation Rockefeller et des bourses d'études et de recherches de la Fondation Ford, l'association Cgiar (Groupe consultatif pour la recherche agricole internationale) veille à ce que des chercheurs en agronomie et des personnes d'influence du secteur agricole dans les pays du tiers-monde soient invités à venir étudier aux États-Unis où ils apprennent les concepts de l'agriculture industrielle et de la production intensive, avant de les appliquer chez eux. La Cgiar a ainsi réussi à créer un précieux réseau d'amis et de personnes inféodées à travers le monde, qui sont autant de portes d'entrée et d'agents d'influence pour les entreprises agro-industrielles américaines dans les pays en voie de développement. Le principal facteur promu par le Cgiar est celui de la « révolution génétique », supposée résoudre tous les problèmes des pays en voie de développement. »

Pour William Engdahl, la Révolution verte est une brillante opération marketing afin de développer une activité mondiale d'agrobusiness qui permettrait ensuite à la Rockefeller de détenir une position de monopole dans le domaine agricole, « exactement comme le grand-père Rockefeller l'avait fait dans l'industrie pétrolière américaine, cinquante ans auparavant [3] ».

3. www.globalresearch.ca/index.php

Il est ainsi normal de voir la fondation Rockefeller chercher à préserver dans les glaces les semences qu'elle vendra très cher aux agriculteurs du monde, quand la catastrophe climatique aura éradiqué l'agriculture paysanne.

Quant à Monsanto, déjà responsable de milliers de morts tués par l'agent Orange et des terribles dégâts générés par le Round up, vendu mensongèrement comme biodégradable, il détient toujours le brevet de « Terminator » qui, s'il était mis sur le marché, obligerait la majorité des fermiers à devenir les nouveaux esclaves du lobby agroalimentaire.

Au cours de son combat contre ce lobby, William Engdahl ose enfin crier au monde ce que la plupart des gens ignorent, en l'occurrence que « l'eugénisme d'Hitler fut financé dans une large mesure par la même Fondation Rockefeller qui construit aujourd'hui une « réserve de semences du jugement dernier » afin de préserver des échantillons de chaque semence présente sur notre planète. [...] Les scientifiques de l'eugénisme d'Hitler, dont beaucoup ont été tranquillement amenés aux États-Unis après la guerre afin de poursuivre leurs recherches biologiques eugénistes, ont jeté une grande partie des bases du génie génétique des diverses formes de vie, soutenues ouvertement en grande partie jusqu'au sein du troisième Reich par les généreuses bourses de la Fondation Rockefeller [4] ».

Pour nous résumer, tout ce beau monde s'est associé afin de satisfaire le désir de Robert McNamara, ancien président de la Banque mondiale, ancien secrétaire d'État

---

4. *Seeds of Destruction, the Hidden Agenda of Genetic Manipulation,* Global Research.

américain, responsable des bombardements massifs du Vietnam, qui aurait déclaré : « Il faut prendre des mesures draconiennes de réduction démographique contre la volonté des populations. Réduire les taux de natalité s'est avéré impossible ou insuffisant. Il faut donc augmenter les taux de mortalité. Comment ? Par des moyens naturels : la famine et la maladie.[5] »

Pendant ce temps, en France, les semenciers libres subissent des atteintes à la liberté par les visites réitérées des agents de la Répression des fraudes, qui, sans doute sans le savoir, sont les complices des « saigneurs de la Terre ». Ainsi, depuis le début de l'année 2004, l'association Kokopelli, qui œuvre dans le sens de la directive de la Communauté européenne portant sur la conservation de la biodiversité *in situ,* est harcelée par les agents de la Répression parce qu'une grande partie des semences de plantes potagères qu'elle distribue sont des semences de variétés anciennes, non-inscrites dans le catalogue officiel.

Dominique Guillet, de l'Association Kokopelli, pose la bonne question : « Le catalogue officiel aurait-il été érigé non point pour la protection des jardiniers, mais pour la protection des intérêts financiers des grands groupes et multinationales qui ont racheté la quasi-totalité du secteur semencier depuis quarante années ? » Il est certain qu'il connaît la réponse à cette question.

Il est scandaleux de constater la pression exercée sur les petits semenciers biologiques qui préservent la biodiversité de notre planète et les plantes qui sont un bien commun, alors que les pollueurs et pilleurs de tout genre

5. Willy Eyat, *J'ai tout compris,* n° 2, février 1987.

continuent à détruire impunément notre environnement, grâce à la complicité des États qui leur distribuent nos deniers sous forme de très fortes subventions, tout en prônant officiellement la « biodiversité ».

Dominique Guillet rêve d'une planète « avec des semences libres cultivées dans le respect de l'environnement, avec des enfants qui ne meurent plus de faim, avec des jardins et des champs, source de vie et de diversité ». Il conseille à ceux qui possèdent un jardin et aux petits cultivateurs indépendants de semer impérativement de plus en plus de semences interdites, de les donner, les échanger, et produire de jeunes plants de variétés interdites afin de les distribuer autour d'eux et aux pays les plus pauvres sinon, dans quelques années, il n'y aura plus de semences libres, mais seulement des organismes génétiquement modifiés et des hybrides F1. « Résistons fertilement sinon, dans une dizaine d'années, le jardinage familial sera interdit pour cause d'homogénéisation : il sera devenu une activité à hauts risques bactérien et sociologique. » Espérons qu'ils seront nombreux à l'écouter et que la distribution des variétés interdites évitera leur disparition.

Et pour l'instant, alors que l'État français s'est engagé à diminuer le recours aux pesticides de 50 %, toute information concernant les extraits fermentés est punissable de 2 ans de prison et de 75 000 euros d'amende.

Puisque nous en sommes au chapitre de l'agriculture, nous devons aussi considérer les abeilles. La citation « Si les abeilles venaient à disparaître, l'humanité n'aurait plus que quatre années devant elle », souvent attribuée à Albert Einstein mais sans preuve de son authenticité, est de toute manière très logique. Les abeilles ne sont pas les seuls insectes pollinisateurs, mais elles assurent la plus grande part de la pollinisation, et cet amoindrissement entraînerait la disparition de nombreux animaux et des effets dévastateurs sur toute l'agriculture.

Or nous constatons actuellement un phénomène appelé « syndrome d'effondrement des colonies d'abeilles », qui concerne les abeilles et par conséquent la production apicole dans une grande partie du monde et peut-être aussi des abeilles sauvages. Ce phénomène qui prend l'ampleur d'une épidémie reste inexpliqué. Les apiculteurs trouvent de plus en plus souvent leurs ruches vidées de presque toutes leurs abeilles du jour au lendemain. Aux États-Unis, près de 25 % du cheptel aurait disparu durant l'hiver 2006-2007. Depuis le début des années 2000, la maladie s'est répandue dans la plupart des pays européens. Les pertes peuvent atteindre, localement, jusqu'à 90 % des colonies. Comme c'est un phénomène resté inconnu jusqu'à présent, les chercheurs qui l'étudient ne possèdent à ce sujet aucune donnée épidémiologique. Cependant, il serait prudent de considérer ces disparitions comme un baromètre de la santé de la Terre, alors que les pouvoirs publics persistent à ignorer ce danger et même à y contribuer en ayant autorisé l'usage de produits meurtriers pour les abeilles tels le Gaucho et le Régent. Ces derniers ont été bannis pour l'instant, mais de nouvelles molécules ont fait leur apparition comme dans le Poncho, fabriqué par la firme Bayer, dont la matière active est la clothianidine, sœur de l'imidaclopride présente dans le Gaucho.

Par ailleurs, les apiculteurs français viennent de constater l'arrivée d'un nouveau prédateur pour les abeilles, le frelon « Vespa Velutina » qui nous arrive d'Asie, pour envahir le sud-ouest de la France. Il a été identifié par les spécialistes du Muséum d'Histoire Naturelle qui cherchent déjà un moyen de lutte, mais sa propagation semble très rapide. Pour l'instant les apiculteurs s'appliquent à sensibiliser la population et à détruire les nids très imposants.

Cette « mort programmée » des abeilles serait-elle à ranger dans le chapitre concernant les prophéties ?

Bien que je ne l'aie pas évoqué ici, le danger nucléaire ne peut qu'augmenter les risques qui nous menacent et il ne faut pas faire davantage confiance aux diverses « autorités de sûreté », qui font, elles aussi, partie des prédateurs de l'humanité et contribuent à cacher la vérité.

Nous avons entendu parler de la fuite de Tricastin dans la Drôme où cent salariés ont été contaminés le 23 juillet 2008, mais de multiples accidents se sont produits en France à cette époque. À Bollène dans le Vaucluse, le 7 juillet, à Romans-sur-Isère dans la Drôme, le 18 juillet, à Saint-Alban dans l'Isère, le 20 juillet, et à Pierrelatte, toujours dans la Drôme, en août.

Mais la France est loin d'être le seul pays d'Europe qui a été victime d'accidents nucléaires au cours de l'année 2008. Ainsi, le 4 juin à Krsko en Slovénie, le 10 juin, à Rivné en Ukraine, fin juin à Asse en Allemagne, où la population a appris qu'une contamination de grande ampleur était en cours depuis des années dans une mine de sel où 126 000 fûts de déchets nucléaires ont été stockés. La mine était réputée être « stable depuis 70 millions d'années » et « quasi-imperméable », mais les déchets baignent aujourd'hui dans un véritable lac souterrain dont la contamination menace de grandes nappes phréatiques.

De même, dans la nuit du 2 au 3 août en Autriche, le 24 août à Fleurus en Belgique, et le même jour en Espagne, où une trentaine d'autres incidents ont eu lieu dans les centrales depuis le début de l'année.

Ces derniers accidents, tout comme d'autres centaines survenus dans le monde depuis l'installation de centrales nucléaires – y compris la catastrophe de Tchernobyl –, sans compter ceux qui se sont produits au niveau des centres de retraitement et des moyens de transport, n'étaient que bagatelles en comparaison avec ce qui pourrait se passer sur de nombreux sites, en particulier celui de Cadarache, où la France a décidé de construire un nouveau réacteur dans le cadre du projet ITER (International Thermonuclear Experimental Reactor), en cas de cataclysmes [6].

Étant donné les prévisions de séismes de plus en plus fréquents et meurtriers, il est certain que chaque site représentera un danger supplémentaire pour les populations, même si elles sont éloignées des épicentres, malgré les affirmations si souvent mensongères des « experts » qui racontent n'importe quoi, au point qu'ils sont souvent ridicules. Ainsi, en 1974, le rapport Rasmussen estimait que l'occurrence d'un accident nucléaire qui entraînerait la mort de dix personnes était de un tous les deux cent cinquante mille ans ! Quant à Leonard Bennet, représentant de l'AIEA (Agence Internationale pour l'Energie Atomique), il a déclaré en 1991 que, « globalement, les conséquences de Tchernobyl se sont révélées moins graves que l'on ne s'y attendait » !

6. Voir *La Nouvelle dictature médico-scientifique*, Éditions Dangles, 2006.

En dehors de ces risques immédiats, l'élimination des déchets reste un danger majeur à plus long terme, mais personne n'en parle plus.

Quant aux vingt-trois expériences en surface qui ont eu lieu en Chine entre 1964 et 1980, elles ont répandu environ quarante-huit kilos de plutonium dans l'atmosphère, et les vingt autres explosions souterraines, effectuées depuis septembre 1969, ont déposé vingt-cinq kilos de plutonium dans le sous-sol du désert. Or il suffit de cinq kilos de plutonium pour détruire cinq milliards d'individus [7].

---

7. Information fournie par l'Association internationale des médecins pour la prévention d'une guerre nucléaire.

Les guerres bactériologiques

La majorité des hommes politiques, à en croire les éléments dont nous disposons, ne s'intéressent pas à la vérité mais au pouvoir et au maintien de ce pouvoir. Pour maintenir ce pouvoir il est essentiel que les gens demeurent dans l'ignorance, qu'ils vivent dans l'ignorance de la vérité, jusqu'à la vérité de leur propre vie. Ce qui nous entoure est donc un vaste tissu de mensonges, dont nous nous nourrissons.

Harold PINTER, Prix Nobel de littérature en 2005.

JE N'AI JAMAIS oublié que l'un de mes amis, chercheur à Pasteur, m'a dit il y a plus de dix ans : « Tu as raison de dénoncer toutes ces catastrophes qui nous menacent, mais pour moi, les plus redoutables, celles qui pourraient exterminer l'être humain, pourraient être les virus et leurs mutations. » Étant biologiste et virologiste, il connaissait bien la question.

Déjà, dans l'Antiquité, Grecs, Romains et Perses utilisaient des cadavres d'animaux pour contaminer les sources et les puits de leurs ennemis. En Chine, bien que personne ne sache à l'époque ce qu'était une bactérie, l'envoi de cadavres de pestiférés dans les villes assiégées instaura le premier exemple d'arme bactériologique mais, depuis, nous avons grandement perfectionné ces méthodes.

En 1947, après la révélation, par le tribunal de Nuremberg, de l'horreur des expériences médicales conduites par les médecins nazis sur les déportés, on a estimé qu'il fallait définir l'éthique médicale, et des règles furent établies.

En 1964, l'Assemblée médicale mondiale, réunie à Helsinki, reprit les principes de Nuremberg, mais introduisit un nouvel article qui ouvrait largement la porte à la recherche d'apprentis sorciers, en spécifiant : « Il est essentiel que les résultats d'expériences de laboratoire soient appliqués à des êtres humains afin de faire progresser la connaissance scientifique et d'aider l'humanité souffrante. » En 1975, à Tokyo, les mêmes instances réitéraient les droits de la recherche qui « doit s'appuyer sur l'expérimentation portant sur l'homme ». Tous ces criminels, car il s'agit bien de crimes, s'abritent toujours derrière « la connaissance scientifique » et « l'aide humanitaire », et il est surprenant de constater combien de gens les croient encore.

Enfin, en 1981, à Manille, l'OMS et le Conseil des organisations internationales des sciences médicales publiaient des « Directives internationales proposées pour la recherche biomédicale sur des sujets humains ». Cette fois, les conseils étaient plus audacieux et stipulaient que les essais sur l'homme pouvaient être réalisés « d'une manière efficace, en particulier dans les pays en voie de développement, compte tenu des conditions socio-économiques, de la législation nationale et des règlements administratifs ».

Il est évident qu'en menant des études dans ces pays, pauvres par définition, on risque moins de problèmes juridiques que dans les pays riches, et le « consentement éclairé » de ces populations est surtout « non éclairé ».

Mais, l'OMS a tout prévu étant donné que : « Les communautés rurales des pays en voie de développement peuvent ne pas être familiarisées avec les concepts et les techniques de la médecine expérimentale. » Aussi, il est précisé que « dans les cas où les membres d'une communauté ne peuvent saisir les implications de leur participation à une expérience ainsi qu'ils le devraient pour donner directement aux chercheurs leur consentement éclairé, il est souhaitable que la décision de participation ou d'abstention soit obtenue d'un chef respecté de la communauté ». Il est ainsi plus facile et rapide de persuader un « chef respecté » en lui démontrant qu'il agit pour le bien de la communauté, que chaque membre qui pourrait participer aux expériences.

Cela fait des années que les gouvernements pratiquent des tests sur des populations non averties, particulièrement aux États-Unis. Déjà, en 1931, sous les auspices de l'Institut Rockefeller pour les Investigations Médicales, le médecin colonel Cornelius Rhoads a infecté des sujets portoricains avec des cellules cancéreuses et treize d'entre eux en sont morts. Ce militaire s'est vanté d'avoir réussi à en tuer huit lui-même et n'a jamais renié ses propos. Lorsqu'il fut traduit devant un tribunal, le procureur a déclaré qu'il était ou un malade mental ou un homme peu scrupuleux. Non seulement il n'a jamais été inquiété, mais ce « malade mental » a ensuite dirigé le laboratoire militaire de l'US Army Chemical Warfare dans le Maryland, ce qui lui a valu de recevoir la Légion du mérite, décoration militaire octroyée pour sa recherche par le gouvernement des États-Unis. Plus tard, il a été nommé à la Commission de l'Énergie Atomique où il a mené d'autres séries d'expériences en exposant à des radiations des soldats américains et des patients civils recrutés dans des hôpitaux.

L'année suivante, le gouvernement américain a utilisé comme cobayes deux cents hommes noirs porteurs de la syphilis et l'ignorant, afin d'étudier les symptômes et les progrès de la maladie. Tous sont décédés et leurs familles n'ont jamais été averties qu'ils auraient pu être soignés et sauvés.

En 1940, à Chicago, on a infecté à leur insu 400 prisonniers avec le microbe de la malaria afin de tester un nouveau médicament contre la maladie. Lors du procès de Nuremberg, pour leur défense, les médecins nazis ont cité cette expérience américaine. Les médecins américains n'ont évidemment pas été traduits devant un tribunal.

En 1942, 55 000 soldats de l'armée américaine furent vaccinés contre la fièvre jaune, 28 000 d'entre eux contractèrent une hépatite virale après avoir reçu le vaccin et 62 en moururent [1]. Le 13 mars 1954, *Le Concours médical* confirmait ces déclarations. Quarante-cinq ans plus tard, on révéla qu'il s'agissait de l'hépatite B. Il a fallu tout ce temps avant que n'éclate un tel scandale, dû à des autorités qui, dans tous les pays, ne cessent d'affirmer de manière péremptoire l'innocuité des vaccins. Il est certain que quarante-cinq ans après un drame, sa révélation n'a pas le même impact que dans l'immédiat.

1. Revue *Jama* 1952 (vol.149).

C'est en 1943 que les Américains ont commencé à mener des expériences sur les armes bactériologiques à Fort Detrick où se trouve le célèbre laboratoire P4 de recherches militaires du Maryland.

Dès 1969, le président Nixon s'était engagé à mettre fin aux programmes militaires de Fort Detrick : « Les États-Unis limiteront leurs recherches biologiques à des mesures défensives. » Il est certain que les « mesures défensives » n'ont pas le même sens pour tout le monde puisqu'on a continué à pratiquer des quantités d'expériences sur des prisonniers, des soldats, des pauvres incapables de s'informer, des bébés orphelins de préférence noirs ou d'origine hispanique, qui n'étaient certainement pas des « attaquants ».

Enfin, après avoir utilisé secrètement en 1975 des armes chimiques dans l'Asie du Sud-Est, le département des virus au Centre de Fort Detrick a été placé sous la supervision du National Cancer Institute (NCI). C'est alors que la Marine américaine a initié un programme particulier pour développer des virus cancérigènes.

En 1977, une audition au Sénat américain a révélé que 239 sites habités ont été contaminés par des agents biologiques entre 1949 et 1969. Ces sites comprennent San Francisco, Washington, Key West, Panama City, Minneapolis et Saint Louis.

En 1987, le ministère américain de la Défense admettait que malgré le traité interdisant la recherche et le développement d'agents biologiques, il existait 127 points de recherche à travers le pays.

Quant à la CIA, en 1997, elle a établi le projet Clear Vision dans le dessein de recréer et tester une réplique des petites bombes bactériologiques élaborées par l'URSS dans les années quatre-vingt.

Il est certain que les armes biologiques ne coûtent pas grand-chose par rapport au nucléaire. Le 6 octobre 2001, Jeremy Rifkin écrivait dans *Le Monde* : « Il est possible de monter un laboratoire biologique de pointe et de le rendre opérationnel avec 10 000 dollars d'équipements achetés dans le commerce, le tout abrité dans une pièce de 4 mètres sur 5. »

En 1990, l'Organisation mondiale de la santé des Nations unies a lancé une campagne pour vacciner contre le tétanos des millions de femmes de quinze à quarante-cinq ans au Nicaragua, au Mexique et aux Philippines. Le vaccin ne fut pas administré aux hommes et jeunes garçons, alors que les risques d'attraper la maladie étaient identiques pour les deux sexes. En raison de cette curieuse anomalie, le Comite Pro Vida de Mexico, organisation catholique, étudia la composition des vaccins.

À cette époque, j'ai rencontré le père Giorgio dell'Aglio, spécialiste en planification familiale et méthodes naturelles au Centre d'études et de recherche sur la régulation naturelle de la fertilité, attaché à l'université autonome de Guadalajara, au Mexique. Il m'a confié que le vaccin envoyé par l'OMS et administré au seul sexe féminin contenait une hormone humaine (Chorionic Gonadotrophin) qui, combinée avec les antigènes du tétanos, rendait les femmes incapables de mener à bien leur grossesse. Aucune de ces femmes n'a jamais été prévenue de l'aspect abortif du vaccin.

En 1994, le sénateur John D. Rockefeller a révélé que depuis plus de cinquante ans, le ministère de la Défense a utilisé des centaines de milliers de militaires pour des expériences qui les exposaient à des substances dangereuses, comme le gaz moutarde, des radiations ionisantes, des hallucinogènes et toutes sortes de produits chimiques.

En 1995, le gouvernement des États-Unis a admis qu'il avait offert aux criminels de guerre japonais, condamnés pour avoir conduit des expériences sur un matériel humain, un salaire et l'immunité juridique en échange de travaux sur la recherche d'armes biologiques. Le docteur Garth Nicolson a alors dévoilé que les agents biologiques utilisés durant la guerre du Golfe avaient été fabriqués à Houston et testés sur des prisonniers civils du Texas, et le ministère de la Défense a admis que les soldats qui ont participé à l'action « Tempête du désert » avaient été exposés à des agents chimiques.

Dans *The New Republic* de New York, Robert Wright avouait : « La fabrication du vaccin contre l'anthrax est un bon prétexte pour posséder des bactéries responsables de cette maladie », et il ajoutait : « C'est d'ailleurs une des multiples couvertures possibles pour la production d'armes [2]. »

Au sujet de l'anthrax et de l'enquête sur les lettres contaminées reçues à cette époque dans le pays – ce qui contribua largement à répandre la peur des terroristes et la panique parmi la population américaine –, le *Courrier international* du 5 au 11 septembre 2002 signalait que l'Institut de recherche sur les maladies infectieuses de l'armée américaine était soupçonné d'être la source potentielle du charbon, et peut-être le repère du terroriste lui-même, alors qu'il participait à l'enquête.

2. *Le Courrier international* du 24 mai 1995.

Ainsi, pendant plus de cinquante ans, l'armée américaine a utilisé des cobayes humains pour tester toutes sortes de substances, et la guerre du Golfe a représenté un remarquable terrain d'expérience. Il a fallu la protestation de milliers de soldats victimes de ce « nazisme scientifique », comme l'ont appelé divers journaux américains, pour que le Sénat se saisisse de l'affaire.

Soixante-dix mille soldats américains – et plus de quatre mille britanniques – ont développé des pathologies diverses regroupées sous le terme « syndrome du Golfe ». En outre, deux mille de leurs enfants sont gravement anormaux (sans bras, sans reins, sans yeux, sans glande thyroïde) ou avec des handicaps graves (nanisme, atrophie d'une moitié du corps, hydrocéphalie, mongolisme), sans compter tous ceux qui étaient atteints au point de ne pas être viables. Les conjointes de ces soldats ont également manifesté de multiples pathologies. Les militaires et leurs médecins ont écrit au ministère de la Défense pour réclamer leurs dossiers. Ils ont reçu la photocopie de la couverture et une note spécifiant que rien d'autre ne pouvait être dévoilé.

Depuis ces réponses laconiques, le Ministère a franchi un échelon de plus dans la fourberie et il sera à présent très difficile d'établir la vérité puisque la plupart des dossiers de ces soldats ont disparu. Conservés sur papier et disquettes, ils se sont volatilisés en même temps, aussi bien en Floride qu'à l'Institut de Défense chimique du Maryland. Disparus aussi les prélèvements sanguins !

Interrogé à l'époque sur ce fait pour le moins surprenant, le général Ronald Blanck, alors inspecteur général des services sanitaires, n'avait « aucune idée » de ce qui a pu se passer, mais il n'a pas manifesté de surprise car

« ce sont des choses qui arrivent parfois », a-t-il osé affirmer lors d'une interview télévisée. Bien que le Congrès ait retiré au ministère de la Défense la responsabilité des recherches, les dossiers disparus ne pourront jamais prouver quoi que ce soit à l'encontre du Pentagone.

Même attitude des responsables au Royaume-Uni où le ministre des Forces armées, ne « peut accepter qu'il existe un lien entre les maladies et le fait que les militaires aient servi dans le Golfe ». Qu'il l'accepte ou non, les faits sont là et quatre mille jeunes soldats britanniques, en pleine forme lors de leur recrutement, ne tombent pas tous malades en même temps par le plus grand des « hasards ». Même attitude en Australie où de nombreux soldats qui ont participé à la première guerre contre l'Irak en 1991 souffrent aussi de graves problèmes de santé.

En France, entre 10 et 15 % des combattants de la guerre du Golfe éprouvent des pathologies ostéoarticulaires, circulatoires, ophtalmiques ou de l'appareil digestif. D'autre part, 2,75 % de leurs 4 750 enfants nés depuis cette époque présentent une malformation congénitale ou une anomalie chromosomique.

Hervé Desplat, président de l'association Avigolfe (Association des Victimes civiles et militaires de la guerre du Golfe), a évoqué les cancers, lymphomes, leucémies, tumeurs cérébrales, atteintes du système nerveux central, sarcome d'Ewing, maladies contractées par les soldats français lors de la guerre du Golfe et dans les Balkans. Il affirme que ces nombreuses pathologies ont été provoquées, certes, par les fumées des puits de pétrole en flamme, mais aussi et surtout par les pesticides et insecticides répandus massivement sur les camps, l'utilisation non contrôlée de Pyridostigmine, l'expérimentation de pilules anti-sommeil, les amphétamines, les cocktails de vaccins, les particules de gaz de combat, ainsi que les microparticules d'uranium utilisé dans la fabrication de certaines munitions dont la présence de l'isotope U 236, déchet de la combustion nucléaire.

Le ministère de la Défense utilise abusivement le « secret défense » pour ne pas répondre à des questions compromettantes et pour dissimuler ses responsabilités dans certains dossiers. Le « secret défense » a bon dos chez nos politiques de tous bords et de tous pays, pour couvrir des agissements dangereux de responsables « irresponsables », comme c'est aussi le cas pour les lieux d'essais d'OGM en plein champs. « Secret défense » reste le maître mot.

Depuis dix-sept ans, nombre de vétérans sont morts dans l'indifférence générale. Le nouveau gouvernement avait fait savoir à Hervé Desplat qu'on lui répondrait par écrit. Avigolfe attend toujours et désormais, le Ministère ne répond plus à ses appels téléphoniques. Le 23 mai 2008, dans un courrier adressé à Didier Migaud, député de l'Isère et président de la commission des Finances, de l'Économie et du Plan, Hervé Morin écrivait sans états d'âme : « Des réponses claires aux questions qu'ils nous avaient préalablement adressées leur ont été apportées en séance, permettant ainsi un échange productif dans un climat de totale confiance. »

Hervé Desplat a conclu sur son site Internet : « Jusqu'alors, l'association avait eu droit à des réponses langue de bois, désormais nous sommes dans la fiction la plus totale. »

Revenons aux États-Unis où F. William Engdahl, déjà cité, a publié le 14 août 2008 pour Global Research un article inquiétant : « The Pentagon's alarming project : Avian Flu Biowar Vaccine » (Le projet alarmant du Pentagone : un vaccin contre la guerre biologique de la grippe aviaire).

Il nous donne des preuves alarmantes, accumulées par des sources scientifiques sérieuses, que le gouvernement des États-Unis travaille de concert avec l'industrie pharmaceutique internationale afin de développer une substance du virus H5N1 génétiquement modifié, susceptible d'engendrer une pandémie créée par l'homme, et qui pourrait être plus mortelle que la pandémie de la « grippe espagnole » de 1918 à laquelle on attribue la perte de 30 millions de vies humaines [3].

Le docteur Rima E. Laibow dirige le secteur médical de la Fondation des Solutions Naturelles, un groupe de vigilance citoyenne qui surveille l'industrie pharmaceutique et a été récompensé par le Carlton Lee Award de l'American Academy of Environmental Medicine. Elle affirme que, d'après leurs renseignements basés sur les déclarations de l'Institut National de la Santé et le fabricant du vaccin, la pandémie de grippe aviaire a déjà été créée par le génie génétique aux États-Unis, en fusionnant le génome mortel de la pandémie de 1918, mal nommée « grippe espagnole », avec l'ADN du virus inoffensif H5N1 dans une culture de croissance à base de cellules du rein de l'homme. « Certains virologues croient que cela permettra au virus mutant créé par

3. Traduction de Dany Quirion pour Alter Info.

l'homme de reconnaître les cellules humaines lui permettant ainsi de les envahir.[4] »

Or, le docteur Laibow a souligné le fait qu'il est impossible de créer un vaccin contre un virus qui n'existe pas encore. « Si un vaccin contre la grippe aviaire est développé dans sa forme pandémique, cela signifie que le virus pandémique devait déjà exister avant. »

Le génome du virus de la pandémie de 1918, dite « grippe espagnole », a récemment été ressuscité intentionnellement par le gouvernement des États-Unis à partir du cadavre congelé d'une personne morte de la grippe en 1918 en Alaska. En raison de cette résurrection, la grippe aviaire et son « vaccin » représentent maintenant une menace importante pour la santé publique.

Le virus H1N1, responsable de cette pandémie, était très proche du virus de la grippe porcine, et bien plus mortel que tout autre virus grippal. Il a disparu de la population humaine vers 1957, mais il est toujours resté présent chez le porc, pour réapparaître chez l'homme en 1977, sans pour cela créer de pandémie.

Il faut savoir que la grippe espagnole, qui n'avait d'espagnol que le nom, s'est déclarée pour la première fois en 1918, dans le camp militaire de Fort Riley, au Kansas. Dans ce camp, avant leur départ pour l'Europe les soldats furent massivement vaccinés contre des virus et des bactéries. Dans tous les camps militaires des États-Unis, les soldats cobayes furent inoculés contre la variole, la diphtérie, le tétanos, la rage et la typhoïde. Les médecins de l'époque notèrent qu'un grand nombre de soldats sont

4. Rima E. Laibow, Weaponized Avian Flu Intelligence Report, in www.healthfreedomusa.org/?p=742

morts immédiatement après les vaccinations ou ont manifesté les symptômes des maladies dont ils étaient supposés être protégés.

On vaccina également la population civile et c'est après ces vaccinations de masse que l'épidémie dite de grippe espagnole s'est déclarée aux États-Unis, puis propagée à travers le monde, car des milliers de soldats dûment vaccinés traversèrent alors l'Atlantique [5].

En 2003, des scientifiques de l'armée des États-Unis ont recréé le virus de la « grippe espagnole » en laboratoire. Le Projet Sunshine (Sunshine Project) est une organisation non gouvernementale qui s'est fixée pour objectif de faire respecter les interdictions en matière de guerre biologique, en particulier les abus de la biotechnologie à usage militaire. Ce groupe a déclaré à l'époque que « plusieurs gènes du virus extrêmement meurtrier de la grippe de 1918 ont été isolés et introduits dans des souches de grippe contemporaine. Ils se sont avérés mortels pour les souris, alors que le virus développé à partir de gènes d'un type de virus de la grippe actuelle n'avait aucun effet. Ces expériences peuvent facilement être détournées à des fins militaires, alors qu'elles fournissent peu d'avantages d'un point de vue médical ou de santé publique. » Sunshine ajoutait : « Malgré la nature dangereuse du virus de 1918, les efforts visant à le reconstruire ont commencé au milieu des années 1990, lorsque le docteur Jeffrey Taubenberger de l'Institut de pathologie de l'armée des États-Unis à Washington a réussi à

5. *Vaccination Condemned*, Eleanor McBean, 1977.

récupérer et à séquencer les fragments d'ARN viral à partir de tissus préservés de victimes de 1918.[6] »

Jan van Aken, biologiste au Sunshine Project estime que la propriété génétique des souches de la grippe a d'importantes applications biomédicales, mais qu'il n'est pas justifié de recréer cette souche éradiquée particulièrement dangereuse qui pourrait causer des ravages si elle était relâchée dans l'environnement, délibérément ou accidentellement.

Revenant à la panique déclenchée par la menace de la grippe aviaire actuelle prétendue venir des oiseaux sauvages, le docteur Laibow demande : « Compte tenu de la scandaleuse absence de preuve d'une quelconque menace d'un virus H5N1 qui ne soit pas de fabrication humaine, comment pouvons-nous expliquer que l'administration Bush dépense des milliards de dollars pour préparer chacun des cinquante États à ce qu'ils appellent « l'inévitable pandémie de grippe aviaire », dont on prétend qu'elle pourrait tuer la moitié ou plus de tous les Américains et une proportion équivalente de personnes à travers le monde ? »

Le docteur Laibow craint que la propagation volontaire d'agents pathogènes de grippe aviaire parmi la population puisse entraîner des mesures telles que la loi martiale et la vaccination forcée ayant pour résultat des morts par millions, et pense que ce risque pourrait être imminent.

---

6. The Sunshine Project, Lethal Virus from 1918 Genetically Reconstructed: US Army scientists create "Spanish Flu" virus in laboratory, 9 octobre 2003. www.sunshine-project.org/publications/pr/pr091003.html

Quelques scientifiques ont déjà essayé de combiner le virus de la grippe aviaire H5N1 à une souche de grippe humaine. N'oublions pas que, souvent, une certaine « recherche » est l'antre des apprentis sorciers. Personne ne peut nier que, dans certaines conditions, les deux types de virus pourraient échanger des gènes et permettre au virus H5N1 d'acquérir la capacité de déclencher une pandémie. « Il y a un risque que ce virus puisse se réassortir avec succès avec un virus humain », a déclaré Richard Webby, directeur du Centre de recherche sur la grippe à l'hôpital St-Jude de Memphis, au Tennessee, qui collabore avec l'Organisation mondiale de la santé.

Dès son arrivée au pouvoir, l'administration Bush-Cheney s'est employée a affaiblir la Convention sur les armes chimiques ainsi que celle sur les armes biologiques. L'une des premières lois promulguées par George W. Bush à titre de président en début d'année 2001 consistait à s'opposer à un projet de protocole international sur les armes biologiques et toxiques, sans explication, ce qui a entraîné la fin des pourparlers [7].

Dans une étude réalisée en 2004, citant les progrès réalisés dans la technologie des armes génétiques, l'Association médicale britannique a prévenu que le monde est à la veille de détenir des « armes biologiques terrifiantes capables de tuer seulement les personnes de certains groupes ethniques ».

Le Département de la sécurité intérieure des États-Unis (le Homeland Security) a passé une commande de production et de stockage d'un vaccin contre une grippe pandé-

7. F. William Engdahl, op. cit., pp. 262-263.

mique, allouant des fonds considérables à l'industrie pharmaceutique.

Le laboratoire Sanofi Pasteur fait partie des « heureux élus ». Située dans la ville de Swiftwater en Pennsylvanie, cette filiale de la firme pharmaceutique française Sanofi-Aventis, la troisième plus grande au monde, a obtenu le 11 mai 2004 un contrat de l'Institut national des maladies allergiques et infectieuses du gouvernement des États-Unis, qui fait partie du NIH (Institut national de la santé), pour fabriquer le vaccin anti-H5N1 [8].

« Jusqu'à présent, le virus H5N1 n'a pas muté en une forme qui puisse facilement se transmettre d'une personne à l'autre. Ne serait-ce pas plutôt dans cette voie que les chercheurs de Sanofi Pasteur et différents autres laboratoires sous contrat avec le gouvernement des États-Unis se sont engagés ? Si tel était le cas, ce serait classé formellement Top Secret », estime William Engdahl.

The New Scientist signale que la recherche sur le vaccin de l'entreprise Sanofi a été réalisée par le NIH dans le cadre des efforts du gouvernement des États-Unis visant à se préparer à une pandémie de grippe [9]. William Engdahl pose la question cruciale, c'est-à-dire est-ce qu'ils se préparent à une pandémie de grippe ou préparent-ils une pandémie de grippe ? « Pourquoi le gouvernement des États-Unis dépense-t-il des centaines de millions de dollars des contribuables

---

8. NIH News, NIAID Initiates Trial of Experimental Avian Flu Vaccine, Washington, D.C., March 23, 2005. www3.niaid.nih.gov/news/newsreleases/2005/avianfluvax.htm
9. US Approves First Bird Flu Vaccine for People, *The New Scientist*, 17 avril 2007. www.newscientist.com/channel/health/bird-flu/dn11626-us-approves-first-bird-flu-vaccine-for-people.html

pour stocker ce vaccin anti-H5N1 qui probablement ne fonctionnera pas lors d'une telle pandémie ? »

Le 2 juillet 2008, le quotidien *London Daily Telegraph* rapportait : « Trois médecins polonais et six infirmières font face à des poursuites criminelles parce qu'un certain nombre de sans-abri sont décédés à la suite d'essais d'un vaccin contre le virus H5N1 de la grippe aviaire. » Il ajoutait que le personnel médical de la ville septentrionale de Grudziadz avait fait l'objet d'une enquête sur les essais réalisés l'an dernier sur trois cent cinquante personnes sans-abri ou sur personnes pauvres, ce qui a fait dire aux procureurs qui participaient à l'enquête que les essais avaient été réalisés avec un vaccin de ce virus hautement contagieux qui n'avait jamais été testé. Mieczyslaw Waclawski, directeur d'un centre de sans-abri de Grudziadz, a déclaré à un journal polonais que l'an dernier, vingt et une personnes de son centre sont mortes, un chiffre bien au-dessus de la moyenne qui est d'environ huit personnes [10].

Le professeur Stephen Block, biophysicien à l'université de Stanford, a plusieurs années d'expérience dans des recherches biologiques confidentielles réalisées pour le Pentagone et le gouvernement des États-Unis. Il a déclaré à ce sujet : « Nous sommes tentés de dire que toute personne saine d'esprit n'utiliserait jamais ces procédés. Mais ce n'est pas tout le monde qui est sain d'esprit. »

10. Matthew Day, *Homeless people die after bird flu vaccine trial in Poland*, *Daily Telegraph*, 2 juillet 2008. www.telegraph.co.uk/news/worldnews/europe/poland/ 2235676/ Homeless-people-die-after-bird-flu-vaccine-trial-in-Poland.html

Le 28 avril 2008, un communiqué de presse officiel publié par les sièges sociaux de Sanofi Pasteur, à Swiftwater en Pennsylvanie et à Lyon en France, annonçait que le U.S. Department of Health and Human Services venait de recevoir un nouveau lot de vaccin H5N1 sous forme de concentré en vrac, correspondant à une quantité équivalente à 38,5 millions de doses de vaccin élaboré à partir d'une nouvelle souche de grippe aviaire. Cette livraison s'élevait à 192,5 millions de dollars. Et le 16 juin suivant, pour montrer sa grande générosité, Sanofi Pasteur annonçait un don de 60 millions de doses de vaccin H5N1, étalé sur trois ans à l'OMS pour la constitution d'un stock de réserve international.

Quant à Bill Gates – qui a une longue expérience des virus – il s'est joint à l'Institut Pasteur et au Wellcome Trust, qui a déjà financé le séquençage du génome humain au Sanger Institute, pour inciter à redoubler d'effort pour s'assurer que les pays en développement pourront accéder aux vaccins contre une pandémie grippale.

Comme le disait déjà au XVIIIe siècle Jean-Étienne-Marie Portalis, homme d'État et juriconsulte : « Quand la raison n'a point de frein, l'erreur n'a point de bornes ! »

Le domaine des armes chimiques et bactériologiques est celui qui présente la plus grande convergence de technologies militaires et civiles, et l'industrie chimique se confond avec l'industrie pharmaceutique.

Le 17 juin 1925, quarante États avaient adhéré au Protocole de Genève sur la prohibition d'emploi à la guerre de gaz asphyxiants, toxiques ou similaires, à l'exception notable des États-Unis et du Japon qui savaient bien ce qu'ils faisaient en refusant de signer, car le Japon s'était empressé d'utiliser ces armes contre la Chine. Toutefois, pendant la campagne d'Éthiopie en 1935-1936, l'Italie avait renié son engagement en utilisant des gaz au combat.

Le 10 avril 1972, la Convention sur les armes biologiques était signée par les États-Unis, l'URSS et le Royaume-Uni, et en 1994, la Convention sur les armes chimiques est entrée en vigueur dans les 87 États membres fondateurs. Mais l'engagement de « ne pas développer, produire, stocker ou acquérir des agents biologiques ou des toxines, à moins qu'ils ne soient destinés à des fins prophylactiques ou pacifiques », ne peut en aucun cas être une garantie absolue de sécurité. La preuve en est que, malgré la signature de ces protocoles, certains signataires n'ont pas tenu leur engagement. Ainsi, le gouvernement des États-Unis qui a arrosé les pays « ennemis » de toutes sortes de produits dangereux dont des bactéries, sous de faux prétextes et encore en toute impunité.

On ne peut que trembler lorsqu'on sait que ce pays a été le seul, avec la Russie, autorisé à conserver le virus de la variole. Toutefois, en novembre 2002, le *Washington Post* publiait une enquête du FBI affirmant que la France possédait des stocks non déclarés de virus de la variole. Les plus hautes autorités françaises se sont empressées de démentir [11]. Qui doit-on croire ?

De son temps, dans son ouvrage *Nous autres*, le dissident russe Eugène Zamiatine avait décrit sans équivoque notre civilisation : « L'État (par un sentiment d'humanité) avait interdit le meurtre d'un seul individu, mais n'avait pas interdit le meurtre progressif de millions d'individus. Il était criminel de tuer une personne, c'est-à-dire de diminuer de

11. *Libération*, 7 novembre 2002.

cinquante ans la somme des vies humaines, mais il n'était pas criminel de diminuer la somme des vies humaines de cinquante millions d'années. »

Ainsi, depuis quelque temps, la réalité dépasse la fiction. À l'heure de la mondialisation, les dangers de totalitarisme se précisent, les citoyens subissent une dépersonnalisation physique et mentale inquiétante, et l'on peut craindre que, peu à peu, l'homme ne devienne un produit manufacturé avec tout ce que cette définition implique, même si ses gènes ne sont pas encore brevetés. Soumis à la loi du profit, nos gouvernements nous imposent une société dans laquelle ceux qui « décident » ont pour objectif essentiel la mise en servitude de tous les individus afin d'obtenir la stabilité sociale, pour notre bien, il va de soi. Ils sont aidés par quelques scientifiques munis de pouvoirs mais dépourvus de conscience, qui n'hésitent pas à transformer l'être humain en une marchandise qu'on peut vendre, acheter ou simplement jeter suivant les besoins.

Au XIXe siècle, Alexis de Tocqueville, nous avait déjà prévenus que « lorsque le goût des jouissances matérielles se développe [...] plus rapidement que les lumières et que les habitudes de la liberté, il vient un moment où les hommes sont emportés et comme hors d'eux-mêmes, à la vue de ces biens nouveaux qu'ils sont prêts à saisir. Préoccupés du seul soin de faire fortune, ils n'aperçoivent plus le lien étroit qui unit la fortune particulière de chacun d'eux à la prospérité de tous. Il n'est pas besoin d'arracher à de tels citoyens les droits qu'ils possèdent ; ils les laissent volontiers échapper eux-mêmes.[12] »

12. *De la Démocratie en Amérique*, Livre II, 1840, Gallimard, 1961.

Tocqueville semble avoir eu un singulier don de voyance car il a prédit, entre autres, les débats qui ont abouti à l'abolition de l'esclavage en Amérique en 1865, l'émergence des États-Unis et de la Russie comme les deux superpuissances du monde, ainsi que la disparition complète des nations indiennes : « Je crois que la race indienne de l'Amérique du Nord est condamnée à périr, et je ne puis m'empêcher de penser que le jour où les Européens se seront établis sur les bords de l'océan Pacifique, elle aura cessé d'exister. »

Pour en revenir à notre époque, le plus inquiétant est cet esprit d'irresponsabilité qui règne sur la planète. En effet, depuis la dernière guerre mondiale, nous sommes confrontés à ce « responsable mais non coupable » dont se réclament les pouvoirs scientifiques et politiques. La plupart des bourreaux nazis eux-mêmes ont déclaré avoir obéi à des ordres qu'ils n'avaient jamais ni discutés ni considérés dans leur horreur. « Ils ne savaient pas », affirmaient-ils pour la plupart. Pourtant, l'obéissance aux lois et aux ordres peut être criminelle par les implications que peut déclencher sa soumission.

De son temps, la philosophe Hannah Arendt, qui fut emprisonnée en 1933 pour avoir combattu le nazisme, avait mis en évidence la « banalité du mal » qui peut exister en chaque être humain. Elle avait choqué certains de ses pairs en déclarant que le criminel nazi Eichmann n'était en fait qu'un rond-de-cuir sans initiative qui se contentait d'obéir aux ordres, sans jamais les discuter. Elle n'avait pas tellement tort si l'on considère divers comportements de gens qui obéissent ainsi, le doigt sur la couture du pantalon, comme des militaires. Il suffit de se rappeler la conduite de certains Français sous l'occupation nazie.

Aurons-nous besoin d'un autre tribunal de Nuremberg pour condamner sans appel ces pratiques inadmissibles appliquées sur des êtres sans défense et juger les responsables, véritables tueurs en série qui n'ont rien à envier aux tortionnaires des États totalitaires, mais qui sont encore considérés comme des citoyens au-dessus de tout soupçon, écoutés, respectés et même admirés par d'honnêtes gens totalement désinformés ?

Certains restent encore accrochés à ce monde terrifiant dans lequel nous survivons, pour certains à grand-peine, et sont apeurés à l'idée de le modifier ! Ils devraient plutôt craindre de continuer ainsi.

L'après 2012

L'amour n'est pas un sentiment.
C'est la substance même de la création.
Christiane SINGER, *Derniers fragments d'un long voyage.*

D'APRÈS toutes ces données, il est certain que l'homme n'a plus beaucoup de temps, s'il veut survivre, pour changer son comportement et sa manière de penser.

Ceux qui sont épouvantés par l'échéance de 2012 et les prédictions énumérées en première partie de cet ouvrage ne devraient pas trop les craindre car la plupart sont déjà là : maladies, famines, massacres d'innocents et luttes fratricides qui prolifèrent dans les pays pauvres et déciment les populations, ainsi que les colères de la Terre : tsunamis, inondations, sécheresses et secousses sismiques. Ajoutons à cela la disparition déjà bien amorcée des espèces, qu'elles soient animales ou végétales. Sans compter que plus de quinze millions de personnes meurent de faim chaque année – en majorité des enfants –, et sans doute autant de trop manger. En outre, 35 % de l'humanité manquent d'eau potable, tandis que la plupart de nos scientifiques et de nos ingénieurs consacrent leurs recherches à la seule technologie militaire.

Pour l'instant, les famines, luttes fratricides, grandes sécheresses, tsunamis ou séismes se produisent sur des continents lointains et chaque événement est observé séparément. Personne, ou presque, ne veut admettre qu'ils sont liés et proviennent d'une cause commune, notre inconscience.

Cependant, notre civilisation occidentale a commencé à subir quelques signes avant-coureurs de désastres. En marge de la folie qui s'est emparée de nos dirigeants et de certains de nos scientifiques et du manque de bon sens de nos concitoyens, notre santé est également compromise par la pollution de l'air, de la terre et de l'eau, les produits toxiques industriels, les pesticides, les additifs alimentaires de synthèse, les vaccins et la plupart des médicaments chimiques, les radiations et déchets nucléaires, tous responsables de ce que l'on appelle les « maladies de civilisation » et, suivant les prévisions, les cancers qui se multiplient devraient tuer une personne sur deux dans un proche avenir.

Pensons à l'énorme différence qui existe entre les centaines de milliards de dollars rapidement mis en œuvre pour combattre la crise financière mondiale et les quelques dizaines de milliards que la FAO et les ONG ne parviennent pas à débloquer pour éradiquer la faim dans le monde, et cessons de croire que nous n'avons pas les moyens de changer la situation.

Quant à « la fin de nos valeurs », qu'elles soient morales ou boursières, elle est déjà bien engagée, et « l'effondrement des religions » ne va certes pas correspondre à la fin de la spiritualité, bien au contraire, car, au cours des siècles passés, nous avons pu constater les dangers du fanatisme religieux, le plus dangereux de tous, comme le prouve le terrorisme qui sévit de nos jours.

Il est ainsi difficile d'imaginer pire situation que celle que nous avons déjà générée, à part la destruction totale de l'humanité. Dans cette éventualité, notre « qualité de vie » ou le PIB de chaque nation, auquel on accorde encore tant d'importance, n'en aura plus aucune.

Les Indiens d'Amérique, que nous avons longtemps qualifiés de « sauvages », étaient spirituellement, et parfois même intellectuellement, plus évolués que nous. Le chef indien Luther Standing Bear l'exprimait ainsi : « L'homme qui s'est assis sur le seuil de son tipi, pour méditer sur la vie et son sens, a su accepter une filiation commune à toutes les créatures et a reconnu l'unité de l'Univers ; en cela il infusait à son être l'essence même de l'humanité. Quand l'homme abandonne cette forme de développement, il ralentit son perfectionnement. »

Ainsi, nous n'avons plus le choix et sommes condamnés à assister à la fin d'un monde, à changer notre mode de pensée, notre façon de vivre et par conséquent notre société. « Mais ce changement se fera-t-il avec ou sans nous ? Sera-t-il évolutionnaire ou révolutionnaire ? » comme le demandait justement, il y a près de trente ans, le physicien Fritjof Capra qui conseillait alors de penser globalement et d'agir localement, ce qui était pour lui une clé majeure de cette vision systémique. Il est certain que la survie de notre civilisation entière dépend de notre possibilité de réaliser une telle transformation. « Pour la première fois, nous sommes véritablement confrontés à une menace d'extinction de l'espèce humaine et de toute vie sur cette planète. [1] »

Capra a publié ce constat sans faire bouger d'un iota les pouvoirs en place ou la mentalité des habitants de la planète. Non seulement la situation ne s'est pas améliorée depuis lors, mais elle s'est aggravée d'une manière très alarmante qui ne permet plus de rester dans l'inaction.

Comme le souhaitait déjà l'écrivain anglais D.H. Lawrence : « Il faut que l'humanité retrouve le rythme du cosmos. » Nous sommes parvenus au stade où l'homme, qui détient un savoir nouveau, doit choisir entre son évolution et sa destruction. Espérons que son choix lui permettra de retrouver la finalité de sa vie et de prendre conscience du rôle qu'il joue dans l'évolution de l'humanité et de la planète.

Dans l'un de ses éditoriaux, François Mauriac a dit un jour : « L'homme a perdu son âme ; il l'a perdue à la lettre et dès ici-bas, c'est pourquoi il est tombé au rang des choses exploitées. [...] Il avance chaque jour dans la connaissance de la matière, mais il ne croit être plus que matière. Pourquoi donc aurait-il pitié des atomes qui le composent ? »

Vivant de plus en plus dans la matière, la plupart des humains perdent leur âme peu à peu, sans même s'en rendre compte. Pour le démontrer, Olivier Clerc, écrivain et philosophe, s'est servi de la « métaphore de la grenouille » : « Imaginez une marmite remplie d'eau froide dans laquelle nage tranquillement une grenouille. Le feu est allumé sous la marmite, l'eau chauffe doucement. Elle

1. *Le Tao de la Physique*, Tchou, 1979.

est bientôt tiède. La grenouille trouve cela plutôt agréable et continue à nager. La température continue à grimper. L'eau est maintenant chaude. C'est un peu plus que n'apprécie la grenouille, ça la fatigue un peu, mais elle ne s'affole pas pour autant. L'eau est cette fois vraiment chaude. La grenouille commence à trouver cela désagréable, mais elle s'est affaiblie, alors elle supporte et ne fait rien. La température continue à monter jusqu'au moment où la grenouille va tout simplement finir par cuire et mourir. Si la même grenouille avait été plongée directement dans l'eau à 50°, elle aurait immédiatement donné le coup de patte adéquat qui l'aurait éjectée aussitôt de la marmite. Cette expérience montre que, lorsqu'un changement s'effectue d'une manière suffisamment lente, il échappe à la conscience et ne suscite la plupart du temps aucune réaction, aucune opposition, aucune révolte. »

Olivier Clerc compare l'humanité actuelle à cette grenouille. Il est exact que les prédateurs ne manquent pas, mais les victimes sont consentantes, soit par ignorance, soit par négligence. Il pose la question : « Sommes-nous déjà à moitié cuits ? », puis il conseille : « Alors si vous n'êtes pas, comme la grenouille, déjà à moitié cuits, donnez le coup de patte salutaire avant qu'il ne soit trop tard [2]. » Seule une petite minorité d'individus dont la conscience est bien éveillée est capable de donner le coup de patte salutaire. D'autres, bien que partisans de ce changement d'un monde qui n'est plus supportable, pratiquent la politique de l'autruche car ils estiment qu'il est déjà trop tard, que de toute façon ils sont trop peu nombreux pour

2. www.olivierclerc.com

avoir un impact quelconque, et qu'il faudrait une majorité de gens impliqués dans ce processus pour faire pencher la balance. Ils ignorent sans doute que toutes les révolutions sont nées de petits groupes de citoyens déterminés, ce qui est logique, puisque selon la physique quantique nous sommes tous reliés.

Pour justifier mon propos, il suffit de se référer à l'histoire, vraie, du centième singe, qui commence à être bien connue. En résumé, pour ceux qui ne la connaissent pas, en 1952, sur l'île de Koshima, des scientifiques nourrissaient les singes avec des patates douces en les jetant sur le sable. Les singes aimaient le goût des patates douces, mais détestaient le sable qui les entourait. Une jeune femelle eut l'idée de laver les patates dans un ruisseau tout près et enseigna cette nouvelle façon de procéder à sa mère et à ses proches. Peu à peu, tous les jeunes singes apprirent à laver les patates douces remplies de sable. Seuls les singes adultes qui imitèrent leurs enfants connurent cette amélioration. Les autres singes adultes conservèrent leur habitude de manger des patates douces sales.

À l'automne de 1958, un certain nombre de singes de Koshima lavaient leurs patates douces. Sans les compter, on supposa qu'ils étaient alors quatre-vingt-dix-neuf. C'est alors qu'un matin, celui que l'on pense être le centième singe apprit à son tour à laver les patates et, le soir même, presque tous les singes de la tribu se mirent à laver leurs patates douces avant de les manger. Le plus surprenant est que l'habitude de laver les patates douces se transmit de façon inexpliquée et simultanée à des colonies de singes habitant d'autres îles, ainsi qu'à la troupe de singes de Takasakiyama sur le continent, qui commencèrent à leur tour à laver leurs patates douces. C'est ainsi que le macaque japonais fut surnommé par ces scientifiques le « laveur de patates ».

Cette histoire authentique nous montre que lorsqu'un nombre infime d'individus parvient à atteindre un niveau supérieur de conscience, il suffit d'un seul individu supplémentaire pour faire basculer ce qu'on appelle la « masse critique ». Aussi, tout nouvel individu qui rejoint ceux qui possèdent un niveau de conscience plus élevé nous rapproche de la masse critique qui pourra changer la face du monde en accédant à un nouveau paradigme, dont la mesure de toutes les valeurs sera l'amour et non l'argent. L'histoire du centième singe nous le prouve.

Comme l'enseigne également un proverbe chinois : « Un flocon de neige ne pèse rien, mais quand des milliers de flocons de neige s'abattent sur une branche de cerisier, la branche plie et casse. » Or, nous sommes des milliers à ne plus vouloir du monde exécrable dans lequel nous vivons et il suffit de nous unir, autant dans la pensée que dans l'action, pour changer ce monde et lui redonner l'harmonie à laquelle chacun aspire.

Nous rejoignons aussi la théorie des champs morphiques et leur résonance, élaborée par le biologiste britannique Rupert Sheldrake [3], qui corrobore en partie le phénomène du centième singe. Les conséquences de cette théorie sur l'effet que nous pouvons avoir autour de nous par nos propres changements créditent la thèse que notre comportement individuel pourrait être fondamental pour contribuer à transformer les mentalités et les mœurs

3. *La Mémoire de l'univers*, 1989, Le Rocher.

de la société dans laquelle nous vivons et même, à plus grande échelle, celles du monde entier.

Selon Sheldrake, les lois de la nature ne sont pas « immuables », elles évoluent sans cesse, même dans les domaines physiques et chimiques les plus élémentaires. Cette causalité formative s'exprimerait par les champs morphogénétiques, régions d'influence non matérielles qui s'étendent dans l'espace et se prolongent dans le temps. L'univers apparaît donc comme une trame dans laquelle le tout est plus que la somme des parties, bien qu'aucune des propriétés de ses parties ne soit fondamentale. Ce sont les interrelations des parties qui déterminent la structure de la trame entière.

Pour illustrer sa théorie, Rupert Sheldrake évoque la rapidité de réaction des bancs de poissons lors de la présence d'un prédateur pour changer de direction ou pour dissoudre le banc, alors que la distance est bien trop grande pour qu'il puisse y avoir de communication entre les poissons. L'existence d'un champ morphique unique utilisé par chacun des poissons rend ce phénomène explicable. Les poissons réagissent « comme un seul homme ». Il en est de même pour les vols d'oiseaux. Chaque individu apporte ainsi sa contribution aux champs morphogénétiques de son espèce.

De même, on a constaté que si l'on met des souris de laboratoire dans un labyrinthe au parcours inconnu d'elles et de toute l'espèce des souris et que l'on parvient à ce qu'elles apprennent à sortir du labyrinthe, quelques semaines ou quelques mois plus tard, de l'autre côté de la planète, d'autres souris qui avaient jusqu'alors échoué accompliront la même performance.

Rupert Sheldrake établit également le lien avec l'inconscient collectif si cher à Jung. Comme pour les bancs de poisson, l'être humain a accès non seulement aux champs morphiques qui lui sont personnels, mais il a aussi accès aux champs de groupes, de société, et de son espèce, les champs s'emboîtant les uns dans les autres. Nous héritons chacun ainsi d'une mémoire collective renfermant les caractéristiques de nos ascendants, de notre groupe social et de notre espèce. Cela va influencer notre évolution et nos comportements. « Tous les humains puisent dans une mémoire collective, qu'à leur tour ils contribuent à façonner. »

Une expérience particulièrement intéressante a été menée, pendant des années, par l'Institut de médecine clinique et expérimentale de Novosibirsk. On place l'un contre l'autre – c'est-à-dire en contact optique avec le fond qui est en quartz – deux récipients scellés contenant des cultures de tissus. On introduit un agent nocif dans la première de ces cultures, provoquant ainsi la maladie et la mort de ces cellules. Mais douze heures après l'apparition des symptômes de la maladie dans la culture contaminée, on observe les mêmes symptômes dans la culture voisine, pourtant scellée et non infectée. Cette maladie entraîne la mort de la seconde culture, bien qu'elle n'ait jamais été en contact avec aucun virus ni poison et qu'il n'y ait aucune possibilité de contamination accidentelle. Bien plus, si un récipient contenant une culture non infectée a été en contact optique avec une culture infectée pendant dix-huit à vingt heures, puis est mis à son tour en contact optique avec une deuxième culture non infectée, les symptômes de la maladie apparaissent à nouveau dans cette seconde culture non touchée.

Ces travaux, maintes fois publiés dans des revues scientifiques, prouvent qu'il existe une relation universelle au sein de la matière. L'information serait ainsi transmise par des ondes électromagnétiques dans la bande des ultraviolets.

Aussi, puisqu'on peut aussi aisément contaminer des cellules, pourquoi ne pas penser qu'il est possible de les informer positivement ? Ces champs informatifs représentent donc une première raison d'espérer.

La deuxième raison est qu'aux États-Unis, une équipe dirigée par le sociologue Paul H. Ray, de l'université du Michigan, et la psychologue Sherry Ruth Anderson, de l'université de Toronto, a mené pendant quinze ans une enquête auprès de plus de cent mille personnes, qui démontre que 20 à 25 % des citoyens américains vivent déjà dans un système de valeurs et de comportements différents du reste de la population. Les chercheurs leur ont donné le nom de « Cultural Creatives », traduit en français par Créatifs Culturels [4].

Ces quelque 50 millions d'adultes auraient en commun une faible dépendance vis-à-vis de la consommation industrialisée, le refus de l'exploitation des ressources naturelles et le combat pour l'écologie. Ils seraient également très intéressés par la solidarité, les valeurs féminines et, surtout, l'éveil intérieur et le développement personnel et spirituel. D'après les auteurs de l'étude, ils pourraient être les initiateurs d'une civilisation postmoderne aussi importante que fut le modernisme il y a cinq cents ans. On ignore quel pourcentage de citoyens non américains partage cette philosophie, mais il n'y a aucune raison qu'il soit inférieur.

---

4. *L'émergence des Créatifs Culturels*, Le Soufle d'Or, 2007.

Enfin, pour aider ces précurseurs et accélérer la venue de l'ère nouvelle, sans doute pouvons-nous compter aussi sur une partie non négligeable de la « jeune génération », comme l'a souligné le gardien de la foi Oren Lyons aux gouvernements du Canada et de l'État de New York. C'est notre troisième raison d'espérer. En effet, de plus en plus d'enfants contestent notre civilisation, ses valeurs, son mode de vie, sa philosophie. On les traite alors d'inadaptés ou de malades. Inadaptés, ils le sont sans doute, dans notre monde de mensonges où la robotisation de l'être humain est en marche et où règne l'inconscience du sens véritable de la vie, mais peut-être sont-ils les futurs bâtisseurs d'une nouvelle société. Eux aussi refusent de continuer à « tricher ». Ils détestent les inégalités, les tromperies, la compétition à outrance, les guerres, le fanatisme. Ils sont les successeurs de ceux qui criaient, à la fin des années soixante : « Faites l'amour et non la guerre ! »

Il est possible qu'ils nous obligent, très bientôt, à réviser entièrement toutes nos valeurs et notre système de pensée et soient les précurseurs d'un nouveau paradigme. Ils sont ainsi des millions, reliés entre eux par une même nécessité de vivre autrement, des millions conscients de voir autre chose que ce que les autres ont appris à voir. Cette arrivée massive d'enfants différents et conscients risque de changer le comportement de plusieurs milliards d'individus en accélérant le processus d'éveil de l'humanité. Mais pour cela, nous devons faire en sorte de mieux les comprendre et, souvent, de les considérer comme des guides et non comme des élèves.

Ces enfants du nouveau millénaire semblent vouloir rétablir les liens qui devraient unir la pensée consciente qui permet de se situer dans son corps, et la perception inconsciente qui permet de se situer dans le Cosmos. Certains d'entre eux confirment qu'ils sont au service de l'univers dans lequel ils évoluent et que Tout est solidaire de Tout, sans jamais l'avoir appris. Ils connaissent des plans de conscience auxquels peu d'entre nous ont accès et, en leur administrant des drogues pour essayer de les faire ressembler à des moutons dociles, nous supprimerons leurs liens avec ces plans subtils. En conséquence, ils sont particulièrement désignés pour nous aider à préserver la Terre et ses habitants, et ce n'est sans doute pas un « hasard » s'ils arrivent sur Terre à cette époque de transformation [5].

Ainsi, dès l'âge de neuf ans, Severn Cullis-Suzuki a fondé l'Environmental Children's Organization (organisation environnementale pour les enfants) lorsqu'elle a découvert le déboisement intensif de la forêt amazonienne. En 1992, elle parvint à réunir assez de fonds pour assister au Sommet de la Terre à Rio de Janeiro, qui rassemblait 17 000 personnes et 2 400 organisations non gouvernementales.

Cette petite fille de douze ans prit la parole au nom de quelques camarades, des enfants canadiens âgés de douze à treize ans qui l'avaient accompagnée, et put s'exprimer à la tribune en s'adressant sans complaisance aux cent dix représentants des gouvernements du monde entier.

Avec une lucidité stupéfiante pour une enfant de son âge, elle dénonça notre attitude envers la Terre et ses habitants, la disparition des espèces et des forêts tropicales, la misère qui sévit dans le monde, ainsi que tous les drames

5. *Enfant Indigo, Une nouvelle conscience planétaire*, Alphée, 2006.

engendrés par les adultes qui dépensent sans compter et contribuent à ces désastres. Elle ne parla que pendant six minutes, mais fut bien plus percutante que la plupart des adultes qui se complaisent dans de longs discours, rarement suivis d'effets: « Je ne suis qu'une enfant, mais je sais qu'en utilisant tout l'argent dépensé pour la guerre, on mettrait fin à la pauvreté et l'on trouverait des réponses à la pollution. Quel endroit merveilleux serait cette Terre! À l'école, vous nous apprenez à nous comporter correctement dans le monde, à ne pas nous disputer avec les autres, à résoudre les problèmes ensemble, à nous respecter, laisser les endroits propres, ne pas martyriser d'autres êtres vivants, ne pas être avide ni avare. Mais alors pourquoi faites-vous exactement ce que vous nous interdisez de faire? Les adultes disent qu'ils nous aiment. Je vous en supplie, conformez vos actes à vos paroles! » Elle fut acclamée par un tonnerre d'applaudissements. Dans l'assistance, certains pleuraient et elle pensa qu'elle les avait touchés, que son discours allait déclencher des actions.

En 1993, Severn Cullis-Suzuki reçut, à Pékin, la Récompense « Global 500 » du Programme de l'ONU pour l'Environnement. À cette époque, elle publia un fascicule décrivant des étapes simples pour la protection de l'environnement dans les familles et fit de nombreuses conférences pour s'adresser aux enfants.

En 2002, elle obtenait un doctorat en Écologie et Biologie à l'université de Yale. Depuis lors, elle se bat pour l'écologie, anime des conférences sur les questions environnementales, incite ses auditeurs à définir leurs valeurs et agir en pensant au futur de la planète et les invite à assumer leurs responsabilités sur le sujet. Elle encourage particulièrement les jeunes à dire ce qu'ils pensent et à combattre en faveur d'un avenir meilleur. Mais elle avoue que sa confiance a été profondément mise à l'épreuve.

En 2002, elle reconnaissait : « Maintenant, dix ans après Rio, après avoir participé à de nombreuses conférences, je ne suis pas sûre de ce qui a été accompli. Ma confiance dans les gens au pouvoir et dans le pouvoir des voix individuelles pour les atteindre a été profondément mise à l'épreuve. Aujourd'hui, je ne suis plus une enfant, mais je suis inquiète au sujet de l'environnement dans lequel mes propres enfants grandiront. »

Elle a alors exprimé sa crainte qu'à Johannesburg, les délégués discutent de l'adoption et de la mise en œuvre des documents par les gouvernements, sans que ces bonnes intentions ne soient suivies d'effet, comme ce fut le cas à Rio. « Cette réunion devrait se concentrer non seulement sur la responsabilité des gouvernements, mais aussi sur celle des individus. [...] Le vrai changement écologique dépend de nous. Nous ne pouvons pas attendre nos dirigeants. Nous devons nous concentrer sur nos propres responsabilités et la façon de faire changer les choses. Les défis sont grands, mais si nous acceptons nos responsabilités personnelles et si nous faisons des choix durables, nous gagnerons les défis et nous ferons partie de la vague des changements positifs. »

Severn Cullis-Suzuki fut membre du Conseil consultatif spécial de Kofi Annan lors du Sommet de la Terre de Johannesburg en août 2002, où elle proposa une Reconnaissance de Responsabilité dans le cadre du Skyfish Project, un *think tank* (en français, laboratoire d'idées) – institution de droit privé, qui regroupe des experts, dans le dessein de faire des propositions de politique publique –, qu'elle venait de créer et qui avait reçu l'assentiment de plus de 2700 jeunes.

À présent, elle continue son combat pour informer ses concitoyens sur l'écologie. « Le XXe siècle ne s'occupait que de la méthode scientifique, étudiant chaque partie du Tout. Les causes et les effets étaient alors séparés. Aujourd'hui, nous devons faire face à un défi auquel nous n'avons jamais été confrontés. Les changements climatiques concernent tous les aspects de notre existence. Notre tâche consiste à retrouver les relations entre nous-mêmes et le monde, naturel ou non, qui nous entoure. » Elle a publié en 2007 un ouvrage, *Notes from Canada's young activists : A generation stands up for Change,* non traduit en français [6].

Dans la même catégorie de ces nouveaux enfants, il faut citer Iqbal Masih, ancien enfant esclave du Pakistan, qui luttait pour la libération de tous les enfants esclaves dans le monde, et avait, lui aussi, une conscience bien au-dessus de la moyenne.

Né au Pakistan en 1983, Iqbal Mashi n'avait que quatre ans lorsqu'il commença à travailler dans une fabrique de tapis. La servitude pour dette des parents est un système de remboursement répandu dans ce pays. Iqbal réussit cependant à apprendre à écrire et à lire grâce à une fille qui était elle aussi esclave, car il voulait devenir avocat.

Son calvaire prit fin en 1993, grâce à Eshan Kahn, président de la Ligue contre le travail des enfants, qui le découvrit blotti et effrayé dans le recoin d'une salle de

---

6. *Notes des jeunes activistes du Canada : une génération se lève pour le changement*, Greystone Books.

réunion. Son sauveur lui redonna le goût de vivre et la rage de se battre. Iqbal devient alors le symbole de cette jeunesse martyrisée.

Orateur de talent, il parcourut le monde pour alerter l'opinion internationale sur les conditions inhumaines de travail imposées à des millions d'enfants du Pakistan, de l'Inde, du Bangladesh et d'ailleurs. « Nous nous levons à 4 heures du matin et travaillons enchaînés durant douze heures. N'achetez pas le sang des enfants ! » Son appel bouleversa les consciences et, sous la pression internationale, le gouvernement pakistanais ferma plusieurs dizaines de fabriques de tapis. Trois mille petits esclaves sortirent ainsi de leur enfer.

En janvier 1995, il participa à une convention contre l'esclavage des enfants à Lahore, puis il se rendit en Suède et aux États-Unis, où il reçut un prix de la firme américaine Reebok pour la jeunesse en action. Il espérait utiliser plus tard cette importante somme d'argent pour étudier le droit.

Mais, en avril 1995, Iqbal fut assassiné, le corps criblé de plomb, tandis qu'il faisait du vélo avec deux amis dans son village. Il n'avait alors que douze ans. Il avait reçu des menaces de la « mafia de l'industrie du tapis », comme l'affirma Eshan Kahn, mais la police pakistanaise écrivit dans son rapport que « l'assassinat résultait d'une dispute entre un paysan et Iqbal », et la Commission des droits de l'homme du Pakistan accepta la version de la police.

Il est certain que ce porte-parole devenait gênant, mais il est révoltant que personne, ou presque, n'ait bougé lorsque l'affaire a été ainsi classée. Je rejoindrai ici les propos de la jeune Severn Cullis-Suzuki lorsqu'elle affirmait que les adultes ne respectaient pas leur parole. On parle beaucoup dans les médias des assassins d'enfants, mais trop peu lorsqu'il s'agit d'enfants qui gênent le monde adulte et dénoncent sa lâcheté.

Aujourd'hui, Iqbal Masih est devenu le symbole de la lutte contre l'exploitation des enfants.

Ces jeunes, qui nous ont donné une leçon de courage en osant agir contre les pouvoirs en place, nous prouvent que l'effondrement de toutes nos « valeurs » actuelles est malheureusement nécessaire pour que s'établissent enfin les prises de conscience individuelles et que notre système d'obéissance aveugle soit remplacé par un système de conscience libre et éclairée.

Toute pensée est action par elle-même et, seule, la matière s'interpose entre la pensée et sa réalisation. Si l'on arrive à supprimer l'obstacle de la matière, la pensée positive devient effective. C'est ce qui devrait se passer au cours des prochaines années, lorsque les vibrations de la Terre et les nôtres se seront élevées. Aussi, notre matière devenant plus subtile, nous redeviendrons plus spirituels. Car, ainsi que l'affirme le docteur Deepak Chopra : « Nous ne sommes pas des êtres humains qui font, à l'occasion, une expérience spirituelle. Au contraire, nous sommes des êtres spirituels qui vivent une expérience humaine. » Et c'est au cours de cette expérience que nombre d'humains perdent leurs âmes. Peut-être la retrouverons-nous pleinement en 2012.

Nous savons maintenant que nos préjugés, issus d'un anthropomorphisme et d'un égotisme illimités, nous ont laissés nous égarer en chemin, confortés par la physique mécaniste qui affirmait que nous étions les maîtres d'un univers né par le plus grand des « hasards ». Fort heureusement, l'astronomie a détrôné l'homme de la place qu'il croyait occuper au centre de cet univers, mais certains semblent encore l'ignorer.

Nous sommes déjà nombreux à penser que les temps sont proches où, poussés par la grande mutation planétaire déjà bien amorcée, l'humanité pourra basculer vers un changement de niveau de Conscience dont dépendent sa survie et celle de la planète. Comme l'expliquait Sri Aurobindo : « L'existence humaine n'a pas encore touché à sa fin. Le stade actuel du développement de l'humanité n'en est pas à sa phase finale. L'homme, tel que nous le connaissons, n'est que l'ébauche de celui qu'il sera un jour. »

L'homme n'est qu'une infime poussière dans l'Univers, un représentant de milliards d'être vivants, mais s'il n'est qu'un roseau, comme le définit Pascal, il est un « roseau pensant ». Et c'est la pensée qui peut lui permettre, un jour, d'améliorer sa condition présente pour parvenir à un degré plus élevé de conscience, le point Oméga, but suprême de l'évolution de l'homme et du cosmos, défini par Teilhard de Chardin. Pour lui, comme pour le biologiste anglais Julian Huxley qui partageait cette vision, nous sommes encore dans notre enfance par rapport à notre évolution. Depuis environ quinze milliards d'années, la matière évolue vers des états d'organisation de plus en plus élaborés, et Teilhard pensait que l'homme détient l'énergie nécessaire pour participer à l'harmonisation de l'Univers qui est en train de naître à un processus de « cosmogénèse ». L'important est d'utiliser sagement cette énergie. À présent, nous devons faire un choix qui nous permettra de retrouver notre propre âme et les vertus de la Sagesse, au lieu de devenir un robot comme essaie de le programmer une certaine science réductionniste et inconsciente.

Nous avons de la chance de vivre une pareille époque car, comme l'annonçait Rudolph Steiner dans *L'Évangile selon Saint Jean*, « ce qu'on appelle "éveil spirituel", "renaissance", "initiation" est l'événement le plus important de l'âme humaine ». Actuellement, par nos épreuves, nous subissons une véritable initiation qui devrait nous amener à une renaissance. Et, si nous savons profiter de ces « épreuves initiatiques », cette « œuvre au noir » – comme l'appellent les alchimistes –, l'année 2012 ne devrait pas être une année de terribles épreuves, mais seulement celle de la fin de ces épreuves et la Révélation d'un monde nouveau.

Comme l'a dit Carlos Barrios : « L'humanité va continuer, mais d'une autre manière. Les structures matérielles changeront. À partir de là, nous aurons l'opportunité d'être plus humains. »

Aussi, chacun de nous doit participer à cette renaissance, même ceux qui ont perdu tout espoir. Pierre Rabhi raconte volontiers ce conte amérindien : Un jour, dit la légende, il y eut un immense incendie de forêt. Tous les animaux terrifiés et atterrés observaient, impuissants, le désastre. Seul le petit colibri s'activait, allant chercher quelques gouttes d'eau dans son bec pour les jeter sur le feu. Au bout d'un moment, le tatou, agacé par ses agissements dérisoires, lui dit : « Colibri ! Tu n'es pas fou ! Tu crois que c'est avec ces gouttes d'eau que tu vas éteindre le feu? » Le colibri lui répondit alors: « Je le sais, mais je fais ma part ».

Pierre Rabhi, qui appelle à « l'insurrection des consciences », a fondé une association qui s'appelle Colibris, en référence à ce conte, afin d'aider chacun à passer à l'action et à mutualiser son expérience, convaincu que des milliers de colibris *« faisant chacun sa part »* peuvent éteindre l'incendie.

Nous devons souhaiter qu'en faisant chacun « notre part », 2012 ne sera plus une date fatidique mais la date de la renaissance, le début du Monde du Cinquième Soleil, le démarrage d'une nouvelle Ère résultant du réalignement de l'axe polaire avec le centre de notre galaxie. Et, comme le pense Carlos Barrios, cet alignement devrait permettre à l'énergie cosmique de couler à travers la Terre et de l'élever vers un plus haut niveau de vibration. Aussi, espérons avec Barbara Hand Clow, que 2012 sera l'année où « tous les festivals saisonniers, tous les équinoxes, tous les solstices seront célébrés, et tous les peuples de la Terre seront en communion extatique avec la nature et le Créateur ».

Bibliographie

BOHM David, *La Plénitude de l'Univers,* Le Rocher, 1987.

BRADDEN Gregg, *L'Eveil au point zéro*, Ariane, 2000.

BROSSE Docteur Thérèse, *La conscience énergie, structure de l'homme et de l'univers*, Éditions Présence, 1978.

BOUGUERRA Mohamed Larbi, *La Recherche contre le tiers-monde*, Puf, 1993.

BOURDAIS Gildas, *Visions célestes. Visions cosmiques*, Le temps présent (JMG), 2007.

CAMPBELL Duncan, *Surveillance électronique planétaire*, Éditions Allia, 2005.

CAPRA Fritjof, *Le Tao de la Physique*, Tchou, 1979;
— *Le Temps du changement*, Le Rocher, 1983.

CHARRON Jean, *L'Esprit, cet inconnu*, Albin Michel, 1977.

CHOMSKY Noam, *La Fabrique de l'opinion publique*, Le Serpent à plumes, 2003.

CHOPRA Deepack, *Le Corps Quantique,* Inter Éditions, 1998.

COLBORN Theo, *Our stolen future*, Little, Bronx and C°, 1996.

COLIN Arthur, *Le message des crânes de cristal*, Alphée, 2007;
— *La Vallée des hommes libres*, Alphée, 2008;
— *Le Cercle du silence*, Alphée, 2009.

CRIBIER M., SPIRO M., VIGNAUD D., *La lumière des neutrinos,* Le Seuil, 1995.DANIEL Yves (Dr), *Nucléaire, nous sommes tous en danger de mort*, Le Rocher, 1987.

DAVIS Paul et GRIBBIN John, *The Matter myth*, Viking, Penguin, 1991.

DESBROSSES Philippe, *La Terre Malade des Hommes,* Le Rocher, 1990 ;

— *Nous redeviendrons paysans*, Le Rocher, 1993

ENGDAHL F. William, *Seeds of Destruction, The Hidden Agenda of Genetic Manipulation*, Global Research, 2008.

FIRSOFF W.A., *Life, mind and galaxies*, Edimbourg, 1967.

GALVIESKI M., *Jean de Jérusalem, Le Livre des Prophéties*, Lattès, 1994.

GARVIN, Richard, *The Crystal Skull*, New York, Doubleday, 1973.

GUILLÉ Étienne, *L'Alchimie de la Vie*, Le Rocher, 1983.

GUILLOU Camille, *Les Saigneurs de la Terre*, Albin Michel, 1997.

HAND CLOW Barbara, *Le Code Maya,* Alphée, 2007.

HASELHOFF Eltjo, *Les Cercles dans les blés et leurs mystères*, Favre, 2002.

HAWKING Stephen, *Une brève histoire du temps*, Flammarion, 1989.

HEISENBERG Werner, *La Nature de la Physique moderne,* Gallimard, 1962.

JACQUEMIN Jean-Michel, *Tchernobyl : Aujourd'hui les Français malades*, Le Rocher, 2001.

JEANS James, *Physics and philosophy*, University Press, Cambridge, 1943.

JUNG Carl Gustav, *Essai d'exploration de l'inconscient,* R. Laffont, 1964 ;

— *Ma Vie,* Gallimard, 1966 ;

— *Étude sur la phénoménologie du soi*, Albin Michel, 1983.

MAREUIL Jean de, *Les Prophéties de Jean de Jérusalem*, Grancher, 1998, (épuisé).
MITCHELL-HEDGES F.A., *Danger My Ally*, London, Elek Books, 1954.
MORTON Chris et THOMAS Ceri Louise, *Le Mystère des crânes de cristal*, Le Rocher, 1999.
OPPENHEIMER Robert, *The Constitution of matter,* Princeton University Press, 1954.
PEREZ Jean-Claude, *Planète transgénique,* L'espace Bleu, 1997.
PRIBRAM Karl, *Langage of the brain*, Englewood Cliffs N. Jersey, 1971.
PRINGLE Lucy, *Crop Circles, The Greatest Mystery of Modern Times,* Harper Collins, 1999.
RANDOM Michel (ouvrage collectif présenté par), *La Mutation du futur,* Albin Michel, 1996.
RAY Paul H. et ANDERSON Sherry Ruth, *L'émergence des Créatifs Culturels*, Le Soufle d'Or, 2007.
RIFKIN Jeremy, *Le Siècle biotech,* 1998 ;
— *L'Age de l'accès*, 2000, La Découverte.
SÉRALINI Gilles-Eric, *OGM, le vrai débat*, Flammarion, 2000.
SHELDRAKE Rupert, *La mémoire de l'univers*, Le Rocher, 1981 ;
— *Une Nouvelle Science de la Vie,* Le Rocher, 1988 ;
— *L'Ame de la nature,* Le Rocher, 1992.
SITCHIN Zecharia, *La 12e Planète*, Souffles, 1988.
SCHIFF Jean-Michel, *L'Age cosmique aux USA,* Albin Michel, 1981.
TALBOT Michael, *L'Univers est un hologramme*, Presses-Pocket, 1994.
TEILHARD DE CHARDIN P., *Hymne de l'Univers*, Le Seuil, 1961.
ZAMIATINE Eugène, *Nous autres*, Gallimard, 1979.
ZIEGLER Jean, *L'empire de la honte,* LGF Le Livre de Poche, 2007.

Ouvrages collectifs :
Les Ovnis et la défense, le rapport COMETA, Le Rocher, 2003.
Ensemble sauvons notre planète, ouvrage collectif sous la direction de Marie-Florence Beaulieu, Guy Trédaniel, 2005.
Unless Peace Comes, ouvrage collectif sous la direction de Nigel Calder, Penguin, 1970.

Table des matières

Cet ouvrage a été imprimé par
CPI Firmin Didot à Mesnil-sur-l'Estrée
pour le compte des Éditions Alphée
en novembre 2009

Éditions Alphée, Jean-Paul Bertrand
28, rue Comte-Félix-Gastaldi
Monaco

Imprimé en France
Dépôt légal : février 2009
N° d'impression : 97452